MINDFULNESS EFICAZ

MINDFULNESS EFICAZ

Pequeños ejercicios para vivir y trabajar mejor

Gill Hasson

Empresa Activa

Argentina – Chile – Colombia – España
Estados Unidos – México – Perú – Uruguay – Venezuela

Título original: *Mindfulness Pocketbook: Little Exercises for a Calmer Life*
Editor original: Capstone Publishing Limited – A Wiley Company, John Wiley & Sons,
Sussex, Reino Unido
Traducción: Núria Martí Pérez

1.ª edición Noviembre 2015

ISBN: 978-84-92921-33-1
E-ISBN: 978-84-9944-909-8
Depósito legal: B-10.125-2015

Fotocomposición: Ediciones Urano, S.A.U.
Impreso por: Romanyà-Valls, S.A. – Verdaguer, 1 – 08786 Capellades (Barcelona)

Impreso en España – *Printed in Spain*

Para Gilly, Janine, Karen, Jenny y Donna:
por toda la diversión y los momentos mindfulness.

ÍNDICE

INTRODUCCIÓN

«Cómo aprovechamos nuestros días es, por supuesto, cómo aprovechamos nuestra vida.» – Annie Dillard

¿Qué ocurre con el mindfulness? ¿Por qué provoca tanto interés, tanto revuelo?

Con demasiada frecuencia la vida transcurre en un suspiro. No tienes tiempo de vivir el presente porque estás demasiado ocupado pensando en lo que necesitarás hacer mañana o en lo que sucedió o no sucedió ayer. Tu mente no deja de parlotear con comentarios o razonamientos.

Pero el problema no está en los pensamientos, ya que estos son fundamentales en tu vida. Tu mente es capaz de pensar en lo sucedido al recordar el pasado para aprender de las experiencias, y reflexionar con placer en los buenos tiempos. Tu mente también es capaz de pensar en el futuro. De hacer planes y esperar con ilusión los próximos acontecimientos.

Pero la capacidad de tu mente de pensar en el pasado y en el futuro no siempre es una ventaja. Al viajar al pasado o proyectarte al futuro puedes quedarte anclado en el pasado, dándole vueltas y más vueltas a lo que sucedió. También puedes quedarte paralizado por la inquietud y la ansiedad que te inspira pensar en el futuro.

El mindfulness te ayuda a mantener una relación más sana con este modo de pensar, a advertir cuándo tus pensamientos no te están haciendo ningún bien al retroceder al pasado o catapultarte al futuro. El mindfulness te permite saber dónde te encuentras (estar en el presente) y advertir —sin aferrarte a ello— dónde has estado (con tus reflexiones) y a dónde te diriges (con tu anticipación).

Pero ¿cómo puede el mindfulness ayudarte en la vida cotidiana, en tus desplazamientos, en el trabajo, en tu relación con la familia y los amigos, mientras cocinas y comes e incluso mientras duermes?

Muchas personas vivimos en un mundo acelerado y estresante que nos inunda de información cuando estamos trabajando: correos electrónicos, reuniones, mensajes de texto, llamadas telefónicas, interrupciones y distracciones. La vida familiar también puede ser frenética y estresante mientras hacemos malabarismos para compaginar el trabajo con las tareas del hogar y ocuparnos de las necesidades de los demás y de nuestros compromisos. Al pensar en lo que tenemos que llevar a cabo y en lo que nos queda por hacer, nos sentimos frustrados, estresados y nerviosos.

Por desgracia, una buena parte de nuestro tiempo suele transcurrir de ese modo. Estamos en un lugar haciendo una cosa pero, mientras tanto, pensamos en otras que no estamos haciendo y en otros lugares en los que no nos hallamos en esos momentos.

Es fácil dejar de advertir lo que ocurre en tu interior y a tu alrededor —tu entorno y las personas que te rodean— y acabar viviendo en tu cabeza, atrapado en tus pensamientos sin ver que estos están controlando lo que haces y sientes. Es fácil malgastar el «presente», perderte lo que está sucediendo en el único momento que realmente existe.

El mindfulness te permite vivir y apreciar la vida en lugar de dejar que te pase volando sin darte cuenta al intentar constantemente estar en otro lugar. El mindfulness no es otra serie de instrucciones, sino un simple cambio mental en el que eres consciente de tu vida: de tus rutinas y hábitos, del trabajo y las relaciones.

CÓMO USAR ESTE LIBRO

«Empieza en el lugar donde estás. Usa lo que tienes. Haz lo que puedas.»
– Arthur Ashe

Si puedes estar presente y vivir el momento cuando estás sentado en quietud meditando, ¿por qué no puedes también hacerlo mientras comes, te tomas un té, te desplazas de un lugar a otro, trabajas, usas el ordenador o te relacionas con tu familia, tus amigos o tus colegas?

Hay muchas formas de practicar el mindfulness y muchas otras que te ayudan a llevar la atención al presente en cualquier momento.

En este libro te encontrarás con cinco temas que se irán repitiendo a lo largo de él.

 Cualidades del mindfulness.

 Trabajo mindful.

 Cuerpo y mente mindful.

 Relaciones mindful.

 Alimentación mindful.

En cada uno de estos temas encontrarás una situación o una circunstancia en particular donde el mindfulness te será de gran utilidad, y además las oportunidades para aplicarlo. También encontrarás formas prácticas —ideas, consejos, técnicas y sugerencias— para estar en el presente y para utilizar el mindfulness.

Verás que los aspectos y las cualidades del mindfulness —atención plena, estar atento al presente, toma de conciencia y aceptación, concentración e implicación, mente de principiante, dejar de aferrarte y no ser prejuicioso— son tanto un tema independiente con sus propias páginas como principios que van apareciendo a lo largo del libro. Cada vez que apliques estos principios, cada vez que apliques un aspecto del mindfulness, estarás aprendiendo a relacionarte de una forma más directa con tu vida.

Tanto si necesitas consejos, técnicas, ideas y sugerencias, como una simple cita que te inspire, este libro te resultará muy útil. Llévalo en el bolso, la cartera o el bolsillo para que el mindfulness te inspire en cualquier momento del día o lugar a bajar el ritmo, a ver las cosas desde una cierta distancia, y a gozar de una sensación de calma y control en cada instante y en los distintos momentos de tu vida.

CULTIVA EL HÁBITO DEL MINDFULNESS

«El hábito es como un cable, vamos trenzando una hebra cada día hasta que ya no podemos romperlo.» – Horace Mann

No es necesario estar atento al presente durante todas las horas de vigilia, pero a no ser que intentes estar atento a diario, te distraerás a la menor ocasión por la infinidad de cosas que te roban la atención a lo largo del día.

Los intentos ocasionales de «ser consciente del momento», de «advertir más las pequeñas cosas» y «vivir el ahora» están muy bien, pero las distracciones y preocupaciones acaban apoderándose de ti y la decisión de estar más atento al presente se va al traste.

¿Cómo puedes resolverlo? Haz del mindfulness un hábito, algo que practicas asiduamente hasta que te resulta normal y lo conviertes en tu práctica cotidiana.

¡Tu mente puede hacerlo!

Pensar y actuar de forma novedosa no es difícil si lo conviertes en una rutina. ¿Cómo funciona? Cuando piensas o haces algo de forma novedosa creas en tu cerebro conexiones o rutas nuevas. Y cada vez que repites ese pensamiento o acto, cada vez que sigues activando esas rutas nuevas, se van estableciendo y reforzando.

Es como caminar por un prado de hierba crecida, a cada paso que das abres un nuevo sendero y cada vez que lo recorres estableces una determinada ruta que te resulta cada vez más fácil de seguir. Hasta que usarla se convierte en una costumbre.

Como tu mente distraída y preocupada no te va a recordar que estés atento al presente, necesitas alguna otra cosa que te lo recuerde.

Ponlo en práctica

«Lo difícil debe llegar a ser un hábito. El hábito debe llegar a ser fácil. ¡Lo fácil debe llegar a ser maravilloso!» – Doug Henning

Programa la alarma del móvil (con un tono relajante) para practicar el mindfulness en momentos del día elegidos al azar. Una aplicación como «Mindfulness Bell» te irá de perlas. Sonará periódicamente a lo largo del día para que hagas una pequeña pausa y adviertas dónde te encuentras, lo que estás haciendo y lo que estás pensando.

Pega una nota en el espejo del cuarto de baño que ponga: «¡Practica el mindfulness!»

Haz cosas de distinta manera para obtener resultados distintos. Escríbelas en pósits y pégalos en la pared que hay frente a tu escritorio o en la nevera para acordarte de actuar de otra forma.

Fija una cita de mindfulness contigo mismo, un momento del día para hacer algo exclusivamente dedicado al mindfulness. Podría consistir en dar un corto paseo, en comer algo o en tomar una taza de té en silencio.

Comprométete a practicar el mindfulness cada vez que abras una puerta: cuando abras una puerta, olvídate de lo que estás pensando (ya retomarás tus pensamientos enseguida) y observa tu mano empujando la puerta o girando el pomo de la misma. Abre la puerta pausadamente prestando atención. Siente su peso y si se abre con facilidad. Fíjate en la nueva escena que aparece ante ti al abrirla. Percibe el olor del aire y advierte cualquier cambio de temperatura en el exterior o en la habitación en la que entres. Escucha los sonidos del espacio que acabas de dejar y descubre la habitación o el espacio en el que estás entrando.

Es un pequeño compromiso que adquieres, hazlo unas cuantas veces al día, durante cinco segundos cada vez.

Cuando abras una puerta sé consciente de *estarla abriendo.* Como de cualquier modo lo vas a hacer, aprovecha la oportunidad para estar presente.

IRRADIA SEGURIDAD

«Si crees totalmente en ti mismo, no habrá nada que esté fuera de tus posibilidades.» – Denis Waitley

¿Crees que tu vida mejoraría si tuvieras más confianza en ti mismo?

Cuando te enfrentas a un nuevo reto o a una oportunidad en la vida, ¿estás lleno de dudas? ¿Te dices: «¡nunca lo conseguiré!», «no soy lo bastante bueno para esto» o «no puedo hacerlo»?

La autoconfianza no consiste en lo que puedes o no hacer, sino en lo que tú *crees* poder o no hacer.

Si en el pasado fracasaste en una situación o no la supiste manejar, tal vez creas que la próxima vez fallarás de nuevo o te costará mucho afrontarla. No crees poder lograrlo.

Y si ahora tienes que hacer algo nuevo que no has hecho nunca, quizá *creas* que no podrás hacerlo. Tal vez *dudes* de tu capacidad para conseguirlo. Si no confías en ti, evitarás arriesgarte y autosuperarte, y seguramente ni siquiera lo intentarás.

Te lo quitarás de la cabeza con tus monólogos interiores negativos, diciéndote que no puedes hacerlo o que no vale la pena intentarlo. Te *convencerás* de que eres incapaz de realizar ciertas cosas. (Tu parloteo interior negativo también destruye tu autoestima, haciendo que te sientas inseguro.)

No dejes que una experiencia pasada o unas posibilidades futuras te paralicen, el mindfulness puede ayudarte a identificar esos pensamientos negativos que no te hacen ningún bien.

Ponlo en práctica

«Acepta el pasado sin lamentar nada, afronta el presente con confianza y enfréntate al futuro sin miedo.» – Anónimo

Sé positivo. Recuerda las cosas que se te dan bien, las actividades que ejecutas de maravilla, sin miedo de fracasar y sin inseguridades. Sabes lo que estás haciendo y adónde te diriges: confías en tus aptitudes.

Cuando veas que estás juzgando tus capacidades basándote en lo que ocurrió en el pasado, empieza de nuevo. Adopta una «mente de principiante»: olvídate de tus prejuicios y conclusiones, y céntrate en lo que esas experiencias te han enseñado. No puedes cambiar lo que ocurrió la última vez que hiciste algo, pero sí puedes cambiar lo que ocurrirá la próxima vez. Identifica las nuevas percepciones que te ayuden a actuar de distinta forma la próxima vez.

Hazte un plan de acción. Si te enfrentas a un nuevo reto o situación, a algo que vayas a hacer por primera vez, piensa en los pasos que darás para vencer las posibles dificultades.

Ten en cuenta que cuando dejes de abordar la situación con una actitud negativa —basada en tus pensamientos sobre el pasado y el futuro—, habrás dado el primer paso para avanzar con confianza.

Mantente atento para pillarte cuando te digas: «¡no puedo hacerlo!», pero no te juzgues por estar teniendo esta clase de pensamientos. Percíbelos simplemente y cambia de actitud. Elige pensar: «¡*puedo* hacerlo! He cavilado a fondo en ello. Tengo un plan».

ACTÚA CON CONFIANZA

«Hablo dos lenguajes. El corporal y el inglés.» – Mae West

¿Te acuerdas de la última vez que tuviste una entrevista de trabajo, una reunión importante o una presentación? ¿La última vez que fuiste a una fiesta donde apenas conocías a nadie? ¿Una ocasión en la que tuviste que hacerle frente a alguien?

¿Eras consciente de tu lenguaje corporal: tu postura, tus expresiones faciales y tus gestos?

Tal vez tu mente estaba demasiado preocupada pensando en lo que ibas a hacer y decir, y cómo lo ibas a expresar, como para tener en cuenta tu lenguaje corporal. O quizá te sentías demasiado cohibido, demasiado consciente del mensaje que tu lenguaje corporal le estaba transmitiendo a los demás.

Pero ¿has considerado alguna vez el mensaje que tu lenguaje corporal podría estar enviándole a tu cerebro?

Investigaciones recientes indican que tu forma de sentarte o de estar de pie afecta el modo de funcionar de tu cerebro. Si actúas con confianza, en cuestión de minutos cambia el equilibrio químico —los niveles cerebrales de testosterona y cortisol—, tu cuerpo lo empieza a notar y tu cerebro también se lo empieza a creer.

Al identificar uno o dos aspectos de tu lenguaje corporal y centrarte en ellos, puedes influir directamente en el mensaje que tu cerebro recibirá.

No es necesario que aprendas un nuevo repertorio de posturas, gestos y expresiones que te resultan poco naturales o incómodas. Si cambias simplemente uno o dos aspectos con regularidad, el resto de tu cuerpo y tu mente se adaptarán a ello, y entonces te sentirás más seguro y actuarás con mayor confianza y destreza.

Ponlo en práctica

«Nuestro cuerpo cambia nuestra mente, y nuestra mente puede cambiar nuestra conducta, y nuestra conducta puede cambiar los resultados.» – Amy Cuddy

Si deseas sentirte más tranquilo y seguro, y no solo dar una imagen de seguridad sino sentirte seguro de verdad, realiza una, dos o tres de las siguientes acciones:

- Siéntate o permanece de pie con la espalda derecha.
- Mantén la cabeza alta.
- Relaja los hombros.
- Reparte el peso del cuerpo por igual en ambas piernas.
- Al sentarte, mantén los codos sobre los reposabrazos (en lugar de pegártelos a los costados).
- Mantén el contacto visual adecuado.
- Baja el tono de voz.
- Habla más despacio.

No puedes controlar *todo* tu lenguaje no verbal. A decir verdad, cuanto más lo intentes, más forzado te sentirás. Pero si te acuerdas de hacer una o dos acciones de la lista con regularidad, tus pensamientos, sentimientos y conducta se adaptarán a ellas. ¿Cuáles te atraen más? ¡Practícalas ahora mismo!

Adopta la sonrisa de «Mona Lisa». Una sonrisa a lo Mona Lisa va de maravilla en situaciones estresantes, porque es una forma fácil de estar en el presente y además te produce una sensación de calma. Esta clase de sonrisa es casi imperceptible, simplemente relajas la mandíbula y dejas que los extremos de los labios se curven ligeramente hacia arriba. Visualiza si quieres la imagen de Mona Lisa para que te resulte más fácil hacerlo. O imagínate que te miras en el espejo esbozando media sonrisa. También puedes combinar la sonrisa de «Mona Lisa» con la respiración. Inhala calma. Exhala esbozando una media sonrisa.

APRENDE A «LEER»
A LOS DEMÁS

«La cara es más sincera de lo que la boca lo llegará a ser nunca.»
– Daphne Orebaugh

¿Se te da bien leer el pensamiento? ¿Captas fácilmente lo que alguien está pensando o sintiendo sin que tenga que decírtelo de viva voz? Seguramente eres bueno en ello. Pero todavía puedes serlo más.

Al observar el lenguaje corporal de una persona ves lo que está sintiendo y pensando mientras lo siente y lo piensa. Si, por ejemplo, ves que tiene el rostro desencajado y que aporrea la mesa, sabes que está enojada.

Las expresiones faciales, la postura, el contacto físico y otras manifestaciones parecidas revelan las emociones y te dan pistas sobre los sentimientos y las intenciones reales de alguien en un momento dado. Cualquier cambio en sus emociones se refleja al instante en su lenguaje no verbal.

Sin embargo, no todas las emociones son tan patentes y fáciles de leer como la ira o la alegría. La decepción, por ejemplo, se expresa de un modo mucho más sutil que la rabia. No es tan fácil captar lo que está sintiendo esa persona.

Muchas emociones son fugaces: se manifiestan por un instante. Por lo que debes estar atento. Si estás atento al observar a la gente mientras se comunica con otras personas, tendrás más probabilidades de advertir estas pistas tan fugaces y sutiles cuando aparezcan. Captarás lo que está sintiendo ese individuo en ese momento.

Ponlo en práctica

«El lenguaje corporal es mucho más poderoso que las palabras.»
– Bill Irwin

Practica tu capacidad de «leer» a los demás. Observa a la gente en el autobús, el tren, en un café y advierte cómo se comportan y reaccionan. Intenta adivinar lo que están diciendo o lo que está sucediendo mientras se relacionan.

Mira entrevistas, dramas y documentales en la tele. Quita el volumen e intenta adivinar las emociones que están sintiendo y expresando las personas que aparecen en la pantalla mientras interactúan con otras.

Busca una combinación de expresiones y gestos en un momento dado. Una sola expresión o gesto no es tan fiable como dos o tres señales de lenguaje corporal. Si ves, por ejemplo, a alguien cerrando los ojos con el ceño fruncido y frotándose la cabeza, seguramente concluirás que le duele la cabeza. Cuando observas dos o tres señales puedes saber con más claridad lo que está sintiendo esa persona en ese momento.

Advierte si lo que alguien está diciendo coincide o no con su conducta no verbal.

Presta atención a los cambios en el lenguaje corporal. Cada cambio emocional de una persona se refleja en su conducta no verbal.

NO DEJES QUE EL ESTRÉS HAGA MELLA EN TI

«Puedes hacer cualquier cosa, pero no todo a la vez.» – David Allen

Piensa en un día ajetreado en el trabajo, los estudios o el hogar. ¿Qué hora es? ¿Qué estás haciendo? ¿En qué estás pensando? ¿Qué es lo siguiente que tienes que hacer? ¿Qué te queda por hacer? ¿Cómo te sientes?

En un momento u otro de nuestra vida la mayoría pasamos por temporadas estresantes en el trabajo, los estudios o en la vida familiar. Hay muchas cosas que hacer y en las que pensar. Estás realizando varias a la vez y la vida discurre a un ritmo vertiginoso.

Absorto en lo que no has hecho y en lo que te queda por hacer, tu cabeza es un hervidero de pensamientos y comentarios. Te sientes ansioso, frustrado, agobiado y estresado. Te resulta imposible pensar con claridad.

¿Cómo has llegado a este estado? ¡Todo está en tu mente!

En tu cerebro hay dos partes importantes: el sistema límbico y el neocórtex. El sistema límbico del cerebro rige tus emociones, como la agitación, la frustración y la decepción, por eso puede agitarte la mente. Reaccionas a lo que ocurre instintivamente, sin que intervenga el pensamiento racional o la lógica. Sobre todo cuando estás muy ocupado o bajo presión.

El neocórtex rige el pensamiento, la memoria y el razonamiento. La concentración y la atención son las actividades principales del neocórtex.

El mindfulness calma la actividad perturbadora del sistema límbico. Tu mente se sosiega. Eres capaz de pensar con más claridad y serenidad, te lleva de vuelta al presente, a lo que está teniendo lugar en ese instante.

Ponlo en práctica

«Si quieres vencer la ansiedad que produce la vida, vive intensamente el momento, vive cada aliento.» – Amit Ray

Percibe y acepta la sensación de agobio. Esto no significa que tengas que aceptar las situaciones difíciles y estresantes de la vida y resignarte a ellas, sino que aceptas lo que sientes y el estado en el que están las cosas antes de pensar en lo que harás para mejorarlas. Es una aceptación estratégica. Tal vez no te guste la situación por la que estás pasando, pero en lugar de luchar contra ella al aceptarla puedes encontrar una solución con la parte racional y reflexiva de tu cerebro.

Date un respiro. Hazlo en cualquier momento del día. Simplemente deja durante dos o tres minutos lo que tengas entre manos y concéntrate en la respiración. Respirar de manera consciente dos o tres minutos te ayuda a recuperar la calma, centrarte y despejarte. Hace que la parte razonadora de tu cerebro se active.

Durante las temporadas ajetreadas y estresantes, intenta hacerte un hueco para respirar de manera consciente dos o tres veces al día.

Esta clase de descansos le dan a tu mente el espacio para digerir, procesar y asimilar lo que está sucediendo tanto dentro de ti como a tu alrededor. No hace falta que intentes llevarlo a cabo adrede, tu cerebro acabará haciéndolo sin que te des cuenta.

LA RESPIRACIÓN MINDFUL

«Los sentimientos van y vienen como nubes en un cielo ventoso.
La respiración consciente es mi ancla.» – Thích Nhất Hạnh

La respiración es la base del mindfulness. Te ayuda a bajar el ritmo, te calma la mente y el cuerpo, y te lleva al presente.

Hay distintas formas de concentrarte en la respiración: empieza a hacerlo dándote cuenta de que el aire que respiras, como las olas del mar, va y viene. Cada vez que lo exhales, suelta y abandona tus pensamientos acerca del pasado y el futuro. Concéntrate en la respiración al inhalar... y luego al exhalar. La respiración mindful consiste en esto.

Advertirás que mientras respiras te vienen pensamientos a la cabeza. Cuando te ocurra, lleva de nuevo la atención a la respiración y deja que los pensamientos vengan y se vayan.

La respiración mindful es como pulsar un botón de reinicio para volver al momento presente siempre que lo necesites, un modo eficaz de volver al ahora no porque la respiración tenga poderes mágicos, sino porque siempre está contigo.

Intenta practicar la respiración mindful durante uno o dos minutos unas cuantas veces al día. Puedes hacerlo antes de vestirte por la mañana, mientras te diriges al trabajo, al tomarte un té, en el almuerzo o antes de acostarte.

Hay distintas maneras de concentrarte en la respiración. Pruébalas y descubre las que mejor te van. ¿Cuáles son tus preferidas? ¿Cuáles te resultan más fáciles de hacer? Preguntarte qué técnica de respiración prefieres no es tan importante como ¡acordarte de realizarla!

Ponlo en práctica

«Cuando eres dueño de tu respiración, nadie puede robarte la paz.»
– Anónimo

Siente la respiración. Ponte una mano sobre el pecho y siente el aire entrando y saliendo de tu cuerpo. Percibe el ritmo natural de la respiración. Siente el frescor del aire al inhalar y la calidez del aire al exhalar.

Respira lenta y profundamente. Empieza respirando con normalidad y después de respirar así varias veces, inhala lentamente el aire por la nariz contando hasta cinco. Contén el aliento contando hasta tres y a continuación exhala con lentitud soltando el aire por la boca. Cuando lo hayas expulsado del todo, respira dos veces más a tu ritmo habitual y vuelve luego a repetir el ciclo. Es como si estuvieras fumando un cigarrillo. Pero sin el pitillo.

Alterna la respiración. Cierra una fosa nasal con el dedo. Inhala lentamente por la fosa nasal abierta y después ciérrala con el dedo y abre la otra, exhalando el aire con lentitud. Repítelo alternando la respiración. Intenta exhalar con la mayor lentitud posible.

Usa la imaginación. Inhala como si estuvieras aspirando el aroma de una flor. Exhala como si estuvieras haciendo pompas de jabón. O imagínate que exhalas el aire haciéndolo llegar hasta los confines del universo y que desde allí lo vuelves a inhalar. O inhala un color determinado: imagínate que el aire coloreado no solo te llena los pulmones sino el cuerpo entero.

Cuenta hacia atrás. Inhala el aire profundamente. Al exhalar cuenta hacia atrás de nueve a uno. Al exhalar otra vez, cuenta hacia atrás a partir de ocho. Cuando vuelvas a exhalar, cuenta a partir de siete. Y así sucesivamente, adaptando la duración de la respiración al conteo a la inversa.

MANEJA LAS INTERRUPCIONES A TU AIRE

«Si te paras a arrojarle piedras a cada perro que te ladre por el camino, nunca llegarás a tu destino.» – Winston Churchill

El mindfulness te permite dirigir tu atención de forma que esté centrada y ocupada en lo que está ocurriendo en este instante. ¿Qué es lo que normalmente te impide estar centrado en el trabajo? Las interrupciones y las distracciones.

Las interrupciones llegan inesperadamente en cualquier momento del día. Las encarnan otras personas en forma de preguntas, comunicados, peticiones y exigencias, personas que necesitan tomar decisiones, resolver conflictos, solucionar problemas... Y también surgen a través del teléfono, de mensajes de texto y de correos electrónicos.

Las interferencias te impiden aprovechar el tiempo al máximo y rendir en el trabajo. Te interrumpen, retrasan y distraen. Consumen tu tiempo y energía. Rompen tu concentración y hacen que te retrases.

Como solo dispones de una determinada cantidad de horas a lo largo del día, un puñado de pequeñas interrupciones pueden quitarte el tiempo necesario para acometer tu trabajo y finalizarlo. Las interrupciones te distraen y te hacen perder tiempo al obligarte a redirigir la atención para volver a concentrarte en lo que tenías entre manos.

Pero aunque creas que escapan a tu control, lo cierto es que las *puedes* manejar a tu aire.

Ponlo en práctica

«Centrarte es ser capaz de decir no.» – Steve Jobs

Acepta que las interrupciones ocurrirán. Organiza el día teniéndolas en cuenta, resérvate espacios para ellas, así evitarás sentirte frustrado cuando se produzcan.

Fija límites a quienes te interrumpen para que solamente lo hagan cuando se trate de tomar decisiones de una cierta importancia. Si alguien te interrumpe para consultarte algo que puede esperar, dile que le responderás más tarde para dedicarle toda tu atención.

Fija las horas en las que estás disponible. Los demás te interrumpirán solo si saben que pueden hacerlo a unas horas determinadas y que tú los atenderás.

Establece la hora en la que te ocuparás de los problemas y las preguntas de los demás. Por ejemplo, diles que solo consultas el correo electrónico a las 3 de la tarde, porque necesitas concentrarte en otras cosas. También puedes ocuparte de los problemas y las peticiones en ciertos momentos del día, para que no te interrumpan mientras trabajas.

Delega tareas. Si ocupas un cargo de dirección, es inevitable que te interrumpan con preguntas y decisiones. Forma a otras personas para que puedan tomar esas decisiones por ti. Establece unos criterios en la toma de decisiones, así en una determinada situación actuarán de la misma forma que lo harías tú.

Aprende a decir no. Sé asertivo. Aprende a decir no (amablemente) a las cosas o tareas que te pidan si estás ocupado, si otro puede hacerlas por ti, si no son importantes o si las puedes posponer.

Sé paciente. Si no puedes evitar las interrupciones, afróntalas de una en una. Dedica toda tu atención a cada persona y a cada pregunta o problema. De ese modo estarás más relajado y te ocuparás de cada persona que requiera tu atención con calma, poniendo tus cinco sentidos en ello.

NO TE OLVIDES DEL ASPECTO ESPIRITUAL

«Al igual que el fuego es necesario para encender una vela, no podemos vivir sin una vida espiritual.» – El Buda

Espiritualidad: al oír la palabra «espiritualidad» a cada uno nos viene una determinada imagen a la cabeza. Tal vez sea la de un grupo de monjes viviendo en un lugar muy remoto. O la de un peregrino recorriendo un camino espiritual mitológico durante su «viaje espiritual».

Para el mindfulness, no hay un «camino espiritual» porque no necesitas ir a ninguna parte. Ya has llegado a tu destino, solo que no te has dado cuenta de ello.

La espiritualidad es el sentimiento de formar parte de algo más grande y eterno que tú mismo y lo material.

La espiritualidad, como en muchas religiones del mundo, es ser consciente de algo superior a ti que le da sentido a la vida y te hace sentir al mismo tiempo conectado con ello.

Para ser espiritual no necesitas ser una persona religiosa. Aunque te consideres un ateo, puedes sentirte conectado a algo superior a ti al contemplar una hermosa puesta de sol o la fuerza del mar.

La espiritualidad fomenta estar atento al presente porque te sirve de apoyo y te ayuda a ver las cosas con cierta perspectiva, te permite descubrir quién eres y cómo estás conectado a algo mucho más grande que tú.

Puedes definir de la forma que más te guste lo que la espiritualidad es para ti. Cualquier cosa puede hacértela sentir: desde vitorear en el estadio a tu equipo preferido junto con diez mil espectadores más, hasta contemplar un cielo tachonado de estrellas.

La espiritualidad te ayuda a estar anclado en el presente y a sentirte conectado al pasado y al futuro.

Ponlo en práctica

«Poder sembrar una semilla que se convertirá en una flor, compartir un poco de mis conocimientos con otra persona, sonreírle a alguien y recibir una sonrisa como respuesta son para mí mis constantes ejercicios espirituales.» – Leo Buscaglia

Sé más consciente aún. Piensa en lo que *ya* haces que te permite sentirte conectado a algo más grande que tú. Tal vez sea formar parte de un equipo deportivo, cantar en un coro, cuidar el jardín de tu casa o asistir a un festival musical.

Conéctate. Ayuda a una organización que defienda una causa en la que crees colaborando con ella. Organizaciones como Amnistía Internacional, Salvad a los Niños o Adena te conectan a otras personas y te unen en un objetivo común. O busca en tu barrio una oenegé que te interese, tal vez una que fomente las artes y la cultura, o el medio ambiente, o que se ocupe de los niños y los jóvenes. La positividad y la conexión que sientes al ayudar a otras personas son los aspectos más importantes de la espiritualidad.

Aprecia la belleza de lo que forma parte de ti, de conceptos como la música y el arte, la vida salvaje y los milagros de la naturaleza.

Encuentra a alguien espiritual. ¿Conoces a alguna persona equilibrada y objetiva que se preocupe con serenidad por la gente y se lleve bien con los demás? Podría ser alguien que se maraville por el mundo, alguien que busque la belleza y la paz en las cosas que realiza. Pasa tiempo con personas espirituales a las que admires. Su actitud te inspirará.

ESCUCHA EN LUGAR DE LIMITARTE A OÍR

«El primer deber del amor es escuchar.» – Paul Tillich

¿Escuchar es lo mismo que oír? No. Hay una diferencia. Si oyes algo simplemente *registras* el sonido, no tienes que esforzarte en captarlo a fondo. Mientras oyes los sonidos de tu entorno y lo que alguien te dice puedes estar haciendo y pensando en otras cosas a la vez.

Sin embargo, para escuchar realmente a alguien necesitas concentrarte. Escuchar en modo mindful lo que alguien te dice lleva las cosas a un nivel más elevado. Tu atención se centra: escuchas atentamente lo que esa persona te está diciendo.

En lugar de escucharla a medias y de estar pensando en otra cosa, o en lo que le vas a responder mientras te habla, cuando escuchas en modo mindful a alguien estás totalmente presente y receptivo.

Escuchar en modo mindful te ayuda a vincularte con los demás. Aumenta la comprensión, el interés y la comunicación entre ti y el otro, ya sean tus amigos, tu familia o tus colegas.

Si aprendes a escuchar, las relaciones que mantienes con los demás mejorarán.

Ponlo en práctica

«Considera el hecho de escuchar como una especie de meditación. Silencia tu mente y presta atención a lo que estás escuchando.»
– Linda Eve Diamond

Practica la escucha mindful con un amigo o colega. Uno de vosotros se dedica a hablar durante dos minutos sobre uno de los temas enumerados más abajo. (Si no puedes hacerlo con otra persona, escucha durante varios minutos a alguien hablando por la radio o en un *podcast.*)

- El mejor trabajo o día festivo que has tenido.
- El peor trabajo o día festivo que has tenido.
- Cómo te gastarías cinco millones de euros.
- El sueño más raro que has tenido.
- ¿Con qué tres personas famosas te gustaría ir a cenar. ¿Por qué?

Cuando uno de vosotros haya terminado de hablar, el otro debe resumir o parafrasear lo que acaba de escuchar. Repite con tus propias palabras lo que tú crees que la otra persona ha dicho.

¿Qué es lo más importante de todo lo que te ha dicho? ¿Qué sentimientos te ha transmitido?

Ya sé que en la vida real no puedes repetir o parafrasear las palabras de tu interlocutor ¡cada vez que alguien te hable!

Lo que quiero decir es que debes intentar escucharle como si fueras a repetir sus palabras, tanto si lo vas a hacer como si no. Por eso la *escucha mindful* es algo tan poderoso. Dirige tu atención, te ayuda a escuchar al otro con todo tu ser, a captar sus sentimientos y además te anima a comunicarte con más profundidad.

UNA MENTE DE PRINCIPIANTE

«Afronta cada mañana con el frescor de un principiante.»
– Maestro Eckhart

Tener una «mente de principiante» significa simplemente que te relacionas con la gente, las situaciones, los objetos y las actividades del día como si fuera la primera vez.

Normalmente, lo que haces, piensas y sientes se basa en tus vivencias, creencias, juicios de valor y conclusiones. Pero cuando actúas de la misma forma y tomas el mismo trayecto de siempre, cuando piensas de la manera habitual y reaccionas del mismo modo ante las situaciones y las personas, te estás perdiendo toda clase de posibilidades, descubrimientos y percepciones interiores. Estás siguiendo un camino muy angosto que reduce las posibilidades de que se te ocurran ideas o formas nuevas de ver y comprender las cosas.

En lugar de responder a las situaciones, experiencias, lugares y a otras personas de la misma forma de siempre —procedente del pasado—, la mente de principiante te anima a ver las cosas desde un punto de vista nuevo y a responder a ellas tal como son en ese instante.

La mente de principiante no descarta ni subvalora tus conocimientos y vivencias del pasado. Sencillamente te sugiere que mantengas la mente abierta al aplicar tu experiencia en todas y cada una de las situaciones.

La mente de principiante te ayuda a bajar el ritmo, a vivir la vida en el momento presente, porque intentas advertir algo nuevo en cada situación. Te lleva al aquí y al ahora porque eres mucho más consciente de lo que está ocurriendo en el presente.

La vida se vuelve entonces interesante y fresca. Estás alerta y atento, deseando aprender.

Ponlo en práctica

«Cada día es un nuevo comienzo. Respira hondo y vuelve a empezar.»
– Anónimo

Toma un camino distinto. ¿Hay un trayecto que hagas con regularidad? Procura salir diez minutos antes de casa y tomar una ruta distinta. Este cambio te animará a descubrir cosas nuevas y a implicarte en ellas.

Incluso puedes hacerlo en el supermercado. Si siempre recorres los pasillos del supermercado de la misma manera, cambia el recorrido. Sí, tardarás más, pero ¡a lo mejor descubres alimentos o productos nuevos!

Escucha música de distinta forma. Si escuchas la música que te gusta con una mente de principiante será como si la escucharas por primera vez. Pon una de tus piezas musicales preferidas. Fíjate en un elemento que no suelas escuchar: el ritmo, la melodía, la letra o un instrumento en particular. Escucha ahora la música centrándote en el elemento nuevo que has elegido. Aunque la hayas escuchado un montón de veces, cuando lo haces con una mente de principiante es como si la escucharas por primera vez. Vives el momento plenamente.

Aprende algo nuevo. Podría ser simplemente una receta nueva de cocina o una nueva habilidad: un idioma, escritura creativa, albañilería o dibujo. O un deporte: tenis o bádminton. Aprender algo nuevo es la mejor manera de tener una mente de principiante porque estás empezando algo realmente por primera vez.

Ve a alguien con nuevos ojos. Piensa en una persona que no te caiga demasiado bien: por ejemplo, un miembro de tu familia o un colega. Deja a un lado las ideas y las opiniones que te inspira y contémplala con nuevos ojos. Observa algo positivo en ella, podría ser un rasgo de su personalidad, su actitud, su forma de relacionarse con los demás o algo que tenga que ver con cómo trabaja.

BAJA EL RITMO

«Hay más cosas en la vida que aumentar su velocidad.» – Gandhi

Los descubrimientos tecnológicos te ahorran tiempo continuamente: el coche te lleva a tu destino más deprisa que si fueras a pie, el microondas te calienta la comida en cuestión de segundos, las compras por Internet te ahorran ir a la tienda, gestionar los trámites bancarios en la Red te permite ganar tiempo...

¿Cómo aprovechas todo este tiempo ahorrado? Como muchas personas, seguramente lo usas añadiendo más actividades diarias a tu agenda, por eso llevas una vida más ocupada y ajetreada que nunca.

Pero hacer tantas cosas no es la mejor forma de vivir. Al ir tan acelerado en la vida las realizas con menos eficacia y además vivir así es muy estresante. Las harás mejor si te las tomas con más calma.

Haz lo que estés haciendo con tiempo de sobra en lugar de intentar siempre ganar tiempo para poder hacer más cosas. Si abarrotas el día de actividades irás siempre corriendo de aquí para allá y eso no es vivir de modo mindful.

En lugar de intentar hacer mil y una cosas cada día, vive a un ritmo más lento y relajado y sácale mayor partido a lo que estés haciendo.

Bajar el ritmo no siempre es fácil. Tal vez te digas que en ese caso no podrás terminar todo tu trabajo y que si no cumples con tus compromisos le fallarás a la gente.

Bajar el ritmo requiere práctica, pero te ayuda a concentrarte en lo que estás haciendo y en lo que está sucediendo.

Ponlo en práctica

«Párate y disfruta de la vida. No solo te pierdes el paisaje por ir tan deprisa, sino que también te estás perdiendo el sentido de hacia dónde vas y el porqué.» – Eddie Cantor

Haz menos cosas. Prioriza: averigua lo que es importante para ti, lo que realmente tienes que hacer. Lleva a cabo una sola cosa cada vez y olvídate de lo que no es importante.

Hazlo a cámara lenta. Sea lo que sea lo que estés haciendo en ese momento, hazlo un 25 por ciento más lento, tanto si estás tecleando en el ordenador como navegando por Internet, preparándote un té o limpiando la casa. Tómate tu tiempo. Si haces menos cosas, las podrás hacer con más calma, atención y concentración. Tómate tu tiempo y muévete parsimoniosamente. Haz que cada uno de tus actos sea consciente en lugar de apresurado y al tuntún.

Respira. Cuando te sorprendas actuando a toda prisa, haz una pausa y respira hondo. Y luego vuelve a respirar de esta manera dos veces más.

Date más tiempo. Si te diriges con la lengua fuera a todas horas a citas o a otros lugares a los que tienes que ir, es simplemente porque no te reservas más tiempo para ti. Si crees que tardarás 30 minutos en ir a alguna parte, tómate 45 minutos para poder ir con más calma y no estresarte si te retrasas por algún problema que surja en el camino.

Crea más espacio. No programes tus actividades y tareas una detrás de otra. Deja un espacio entre ellas. Así el día será más flexible y no te estresarás cuando algo te tome más tiempo del que creías.

Reduce tus compromisos. Deja de adquirir demasiados compromisos relacionados con el trabajo, los amigos, la familia, los pasatiempos y las aficiones. Aprende a decir no.

Elige solo unos pocos compromisos y sé consciente de que no te queda tiempo para el resto, aunque sean agradables o importantes. Cancela amablemente algunos, diles a las personas afectadas que estás intentando llevar una vida más sosegada.

APRENDE A TOMAR DISTANCIA

«Saber distanciarte de las cosas es esencial mientras afrontas los retos de la vida.» – Joni Eareckson Tada

Cuando surge un problema o un reto en tu vida, cuando se dan cambios importantes, la vida se vuelve incierta. A decir verdad, incluso puedes no saber qué hacer.

Ver la situación desde una cierta distancia te ayudará. La perspectiva desde la que la analizas te permite ver la interrelación entre lo que está ocurriendo en tu mundo y lo que ocurre en el exterior. Gozas de una visión global de las cosas, estás teniendo en cuenta todo lo demás.

Si por ejemplo suspendes un examen, al verlo desde una cierta distancia comprendes que por más decepcionante que te resulte ahora, la vida sigue y las cosas acabarán yéndote bien.

El hecho de tomar distancia marca la diferencia entre rechazar los cambios que están ocurriendo en tu vida o aceptarlos. Te da un estado de calma en el que puedes descansar sin necesitar que las cosas sean distintas. Aunque esto no significa que tengas que resignarte o rendirte, sino que en ese momento ves la situación tal como es.

Tal vez desees que las cosas sean distintas en el futuro, pero en el presente las aceptas tal como son y por lo que son, sabiendo que *no durarán* para siempre.

Ponlo en práctica

«Ahora tengo una visión global. Lo veo todo desde una cierta distancia.
Digamos simplemente que soy la clase de tipo que sabe disfrutar del
momento.» – John Sununu

Pregúntale a una persona de más de 70 años sobre su vida. ¿Qué le ha ido bien y qué le ha ido mal? No olvides que también experimentó miedo, tristeza y dificultades como ahora te pasa a ti. ¿Cómo lo llegó a superar? ¿Cómo ve ahora algunos de esos problemas al integrarlos con todo lo demás que le ha sucedido en la vida? Ten en cuenta que cuando seas mayor tú también contarás este momento de tu vida que ahora estás viviendo.

Lee relatos sobre la vida de otras personas. *Agua para elefantes,* de Sara Gruen, es una novela narrada en parte por un hombre de 93 años rememorando la época en la que trabajaba en el circo durante la Gran Depresión. *Martes con mi viejo profesor,* de Mitch Albom, narra la historia real de un hombre que va a ver a su antiguo profesor universitario, convertido en un anciano, y escucha las historias que le cuenta sobre su vida.

Contempla las estrellas. Las partículas de luz han estado viajando por el espacio millones de kilómetros durante miles de millones de años. En el momento en que «ves» una estrella, tus ojos se impregnan de esas partículas y, en un sentido muy real, sientes esa estrella que está a tantos años luz de distancia.

Cuando contemplas las estrellas eres consciente de tu pequeñez. Y al mismo tiempo de tu grandeza, porque estás conectado a ellas y las estrellas están conectadas a ti.

Sé un cazador de nubes. Desde los cúmulos esponjosos hasta los cirrocúmulos de un cielo aborregado, hay una infinita variedad de nubes, y su belleza pasajera te recuerda que nada es permanente.

ENCUENTRA EL MODO DE PERDONAR

«Cuando perdonas a alguien, no cambias en absoluto el pasado, pero sin duda cambias el futuro.» – Bernard Meltzer

La mayoría de personas acabamos perdonando a la gente: al que se coló en la fila del supermercado, al conductor que no había advertido que el semáforo llevaba ya diez segundos estando en verde para los peatones, al amigo que se olvidó de traer una botella de vino a la cena.

Esta clase de cosas se perdonan y olvidan como si nada. Pero ¿qué me dices de los asuntos más serios? No siempre es fácil aceptar lo que ha ocurrido y perdonar a los demás. También puede costarte perdonarte a ti mismo por algo que lamentas haber hecho (o no haber hecho).

Para el mindfulness, todo el tiempo en que eres incapaz de perdonar a alguien estás viviendo en el pasado. Te estás aferrando a algo que ocurrió hace días, semanas, meses o incluso años.

El perdón significa abandonar el resentimiento, la frustración o la rabia causados por tus propios actos o los de otro. Significa que ya no deseas un castigo, una venganza o un resarcimiento.

Eres tú, y no el otro, el que sale sobre todo ganando con el perdón. Significa que en el pasado te hicieron daño, pero ahora te desprendes de esa ofensa, de la carga de dolor y resentimiento. Mereces liberarte de esa negatividad.

Si estás en un momento en el que deseas dejar atrás tus errores o los de otros y seguir con tu vida, el mindfulness te será de gran ayuda.

Ponlo en práctica

«Estar resentido con alguien es doloroso, pero estarlo contigo mismo es peor aún. Aprende no solo a perdonar a los demás ¡sino también a ti mismo!» – Robin Williams

Si te descubres atenazado y agobiado por tus recuerdos dolorosos, advierte y acepta cómo te sientes. Apacigua tu mente mediante la respiración mindful y supera así el momento.

Acepta lo ocurrido y no te aferres a ello. Otra persona (o tú mismo) es la responsable de sus actos y tú te dices que ojalá no hubiera pasado nunca lo que ocurrió. Pero ya no puedes cambiar lo sucedido. Ya no tiene vuelta atrás.

En lugar de planear tu dulce venganza, piensa en lo que te ha enseñado la experiencia. ¿Qué harías ahora de distinta manera para que no te vuelva a pasar lo mismo?

Cambia la historia que te repites a ti y a los demás. Cada vez que le das vueltas a lo ocurrido, cada vez que recuerdas el pasado, lo revives en el presente. Cambia la historia por otra que trate de tu valiente decisión de dejar de aferrarte a esas emociones, de perdonar, aprender la lección y seguir adelante.

Sé paciente. Date el tiempo necesario para sanar. Ten en cuenta que el desapego, la aceptación y el perdón forman parte del proceso. Algunas veces perdonarás a alguien en un abrir y cerrar de ojos, y otras te llevará más tiempo.

DATE UN ATRACÓN DE MINDFULNESS

«Una de las mejores cosas de la vida es que nos vemos obligados a dejar con regularidad lo que tenemos entre manos ¡para centrarnos en comer!»
- Luciano Pavarotti

¿Qué decides comer y no comer? ¿Qué nueva dieta vas a seguir? ¿Cuáles son los superalimentos más novedosos que no te puedes perder? Los alimentos que debemos comer o no comer acaparan mucho más nuestra atención de la que ponemos en cómo los ingerimos.

La alimentación mindful no tiene que ver con los alimentos «sanos» o «poco sanos», ni con la cantidad de comida que consumimos, sino con *cómo* comemos.

Solemos engullir la comida sin prestarle atención, tanto si nos sentimos satisfechos como obsesionados por lo que debemos o no comer. La alimentación mindful no se rige por tablas dietéticas ni básculas, ni tampoco está dictada por un «experto» en nutrición, sino que eres tú el que se ocupa de ello. Eres tú el experto. La alimentación mindful te permite reemplazar cualquier sentimiento de «culpabilidad con relación a la comida» que ingieres por otro de curiosidad, aprecio y respeto hacia tu propia sabiduría.

Encontrar el modo de comer y beber con más calma y atención —que se adapte a tu estilo de vida— forma parte del cultivo de una auténtica relación sana con la comida.

La alimentación mindful te vuelve a conectar con más profundidad con la experiencia en sí de comer y beber —y con el disfrute— de la comida. Te ayuda a redescubrir una de las actividades más placenteras de los seres humanos.

Ponlo en práctica

«El secreto para mantenerte joven es vivir honradamente, comer sin prisas y mentir sobre tu edad.» – Lucille Ball

Descubre el movimiento del Slow Food (www.slowfood.es) fundado como antídoto para combatir el auge de la comida rápida y la vida trepidante. Este movimiento ecogastronómico promueve la alimentación saludable, el placer de comer y un estilo de vida pausado.

Come sin prisas. Usa con más lentitud el tenedor y el cuchillo, o los palillos. Cuando comes con calma notas más los sabores y las texturas de los alimentos y eres más consciente de cuándo te sientes lleno.

Saborea el silencio. Toma una comida o un *snack* en silencio cuando estés solo. O si apenas tienes la posibilidad de comer así, saborea una taza de té de ese modo. Tomártela en silencio puede convertirse en una meditación profunda.

Organiza una degustación de platos. Reúnete con un grupo de amigos para degustar una serie de platos. Elige un tema: comida mexicana, francesa, vegetariana o callejera. Sirve pequeñas raciones de cada plato. Hablad de dónde proceden los ingredientes, del aroma que despiden, de las texturas y los sabores.

Organiza una cata de vinos con los amigos. Advierte:

- Los aromas y los sabores: ¿qué sabor o aroma te viene a la cabeza? ¿A manzana, limón, chocolate, grosella negra?
- La textura y el grosor: percibe si el vino es ligero y vivaz, con cuerpo, áspero o suave.
- El equilibrio: ¿los sabores del vino están equilibrados o predomina el sabor a roble o a taninos?
- El regusto: ¿el sabor del vino dura en el paladar o desaparece en cuanto te lo tomas?

OBSERVA TU ENTORNO
Y MANTENTE ATENTO
AL PRESENTE

«Estar atento al presente nos permite salir de nuestra mente y observarla en acción.» – Dan Brulé

Tal vez hayas oído hablar de «conciencia mindful», uno de los aspectos del mindfulness, y te hayas preguntado a qué tienes que estar atento.

El mindfulness simplemente consiste en elegir (algo) para ser consciente de ello. En cuanto lo hagas, la conciencia mindful aparecerá como por arte de magia. Si, por ejemplo, alguien te pidiera que buscaras cualquier cosa de color azul, advertirías ese color por encima del resto.

Seguro que has experimentado estar atento al presente si alguna vez has comprado un coche o un cochecito de bebé: empiezas a advertir por todas partes coches y cochecitos de las mismas características y el mismo modelo que el que acabas de comprar. Lo que ha aumentado no es la cantidad de coches o cochecitos iguales que el tuyo, sino la atención que ahora le prestas.

El mindfulness requiere estar abierto y receptivo a lo que ocurre dentro de ti y a tu alrededor: a los pensamientos y sentimientos, las experiencias, las situaciones y los objetos.

También requiere que *adviertas* lo que está sucediendo, que te percates de la existencia de algo, de los pensamientos, sentimientos y experiencias que están teniendo lugar.

Cuanto más consciente eres de lo que ocurre dentro y fuera de ti en ese momento, más presente estás. Y ser más consciente te ayuda a apreciar lo que normalmente das por sentado y a advertir cuándo las cosas son nuevas o distintas.

Ponlo en práctica

«No miremos atrás con ira, ni hacia delante con miedo, sino a nuestro alrededor atentos y conscientes.» – James Thurber

Escucha. Cada mañana cuando te despiertes, presta atención durante un minuto o dos a los sonidos que oyes. Escucha los sonidos del interior: tu respiración, el tictac de un reloj, otras personas y niños moviéndose y hablando por la casa. Advierte los sonidos del exterior: el tráfico, la gente, los pájaros, el viento o la lluvia.

Adquiere el hábito de tener una percepción mindful de tu entorno. Advierte los cambios en tu entorno mientras te diriges al trabajo, llevas a tus hijos al colegio, etcétera. ¿Qué ha cambiado en él? Describe mentalmente o en voz alta lo que estás viendo o haciendo.

Si decides estar más atento, verás que casi todo es diferente cada vez: el tiempo, las luces de los edificios, las caras de la gente.

Capta los pequeños detalles de tu alrededor y de la vida cotidiana. Usa los momentos de espera —en los semáforos, la sala de estar del médico— para advertir algo nuevo.

Aguza tu atención al hacer algo nuevo. Prueba un jabón o un champú, un café o un cereal nuevos.

Cambia de lugar el reloj o la papelera en tu despacho. En casa, guarda la mermelada, el té o el café en un armario distinto. ¿Por qué? Porque tener que pensar en estas cosas cada vez que las vayas a usar te obligará a prestar más atención.

Sé curioso. Fotografía un edificio o un paisaje cada día durante una semana. ¿Qué ha cambiado? ¿El tiempo? ¿Las luces? ¿El cielo? Hazle una foto a un árbol cada semana durante un año. Observa los cambios que experimenta.

OPTIMIZA TU TIEMPO

«Todo el que fuerza el momento, el momento lo fuerza a él. Pero todo el que cede ante el momento y aguarda pacientemente, el momento cede ante él.» – El Talmud

Muchas veces los métodos para organizar el tiempo no funcionan. Algunos son ineficaces o van bien solo en ciertas ocasiones. Otros les funcionan a los demás pero no a ti.

¿Hay alguna forma de gestionar el tiempo de modo que te *funcione*? Sí. Lo que te irá de maravilla es conocer tus mejores momentos del día. Los momentos en los que tus niveles de energía física y tu concentración están en el punto más álgido y las condiciones son las mejores.

Algunas tareas (por ejemplo, estudiar o escribir solicitudes) requieren toda tu atención y concentración. Pero no aprovecharás al máximo el tiempo ni la energía si llevas a cabo estas tareas en un momento del día que no funcione para ti. Si intentas ejecutarlas cuando tu mente está distraída, aparecerá la ley de la reducción: cada minuto de esfuerzo produce cada vez menos resultados.

Hacer algo en tu peor momento del día te exigirá cada vez más esfuerzo, energía y concentración, por lo que te saldrá mal o no lo llevarás a cabo del todo. No te resultará fácil estar atento —concentrado e implicado, porque te distraerás a la menor ocasión.

En cambio, hacerlo en tu *mejor* momento del día te exigirá menos esfuerzo y energía, porque te resultará mucho más fácil estar presente: atento y concentrado en lo que está sucediendo y en lo que debes hacer.

Está muy bien planear tus tareas, pero también debes tener en cuenta tu nivel de concentración física y mental, y tu energía.

Ponlo en práctica

«La mala noticia es que el tiempo pasa volando. La buena noticia es que tú eres el piloto.» - Michael Altshuler

Optimiza tu tiempo. Averigua si tu mejor momento del día es por la mañana, por la tarde o por la noche. Si no estás seguro, realiza varias actividades de distinta duración en diferentes momentos del día para averiguar cuándo tu energía mental y física está en su punto más alto.

Descubre durante cuánto tiempo te puedes concentrar en distintas tareas y actividades. Experimenta. Tal vez lo mejor para ti sea hacer una actividad con intensidad durante poco tiempo en vez de prolongarla mucho más. Quizá te vaya mejor concentrarte en tres sesiones de 20 minutos que hacerlo de un tirón durante 60 minutos. Prueba la técnica de «breves arranques de actividad» y descubre si está hecha para ti.

Averigua la clase de trabajo o actividad que solo puedes hacer por poco tiempo. ¿Te aburres o distraes a las primeras de cambio, o eres perseverante incluso en las tareas más difíciles?

Sé flexible. Si tu trabajo no te permite realizar una determinada tarea o actividad en tu mejor momento del día, sé flexible e intenta encontrar la mejor solución posible.

Llega a un acuerdo. Si tu mejor momento del día es por la mañana pero tienes otras obligaciones que te impiden centrarte y concentrarte a esa hora, llega a un acuerdo con tu jefe o tus colegas para poder trabajar al menos en parte en tu mejor momento del día.

Si sabes que por la tarde es cuando rindes más, no dejes que te distraigan ni te interrumpan. Activa el contestador y ¡no consultes tus correos electrónicos!

MANTÉN EL INSOMNIO A RAYA

«Tu futuro depende de tus sueños, así que vete a dormir.»
— Mesut Barazany

El sueño. Es donde tu cerebro viaja cada noche. Es el cambio en la conciencia que tu cuerpo necesita cada día.

Si te cuesta conciliar el sueño, no te preocupes, no eres el único, a la mayoría nos ha pasado en un momento u otro de la vida. Es algo normal y, por lo general, temporal.

Por más que intentes adormecerte, tu cerebro sigue hablando consigo mismo. Tu mente está demasiado activa. Por la noche los pensamientos y las preocupaciones parecen crecer y agrandarse. Quieres silenciar tu mente y dormir, pero te resulta imposible dejar de pensar en lo que hiciste o no hiciste, o en lo que te espera. Sin embargo, por la noche no es el mejor momento para encontrar una solución, sea cual sea el problema que te impida pegar ojo.

¡No sufras en silencio! Aunque no puedas *obligarte* a dormir, prestar atención al momento presente te ayudará a caer en los brazos de Morfeo.

Ponlo en práctica

«Una mente agitada hace incómoda una almohada.»
– Charlotte Brontë

Advierte y observa tus pensamientos y sentimientos. No intentes ignorarlos, reprimirlos o controlarlos, obsérvalos simplemente sin reaccionar ni juzgarlos.

No te aferres a los pensamientos. Ten en cuenta que cuando no intentas controlar tus pensamientos, se van al cabo de poco como nubes deslizándose en el cielo. Si te descubres dándole vueltas a algo, lleva la atención a la respiración. Mientras eres consciente de la respiración, deja que tu cuerpo se vaya hundiendo cada vez más en el colchón a medida que se relaja.

Anótalos. Si no puedes pegar ojo por culpa de pensamientos no deseados —sobre, por ejemplo, el dinero y el trabajo, tu pareja, tu familia o tu salud—, anotarlos tal vez te ayude a relajarte, porque los exteriorizarás y te los sacarás de la cabeza al ponerlos en el papel.

Mantén los ojos abiertos. Si estás en la cama sin poder dormir, intenta mantener los ojos abiertos. Cuando se te empiecen a cerrar, resístete a ello. Cuanto más intentes estar despierto, más sueño te entrará.

SÉ GENEROSO

«Da lo que puedas dar. Para alguien quizá sea mejor de lo que te imaginas.»
– Henry Wadsworth Longfellow

La vida es corta. Y solo se vive una vez. Los que lo entienden saben que disponen de muy poco tiempo para contribuir a mejorar el mundo, por eso son generosos y comparten lo que tienen con los demás.

La generosidad te produce la sensación de ser capaz de cambiar el mundo, de tener una percepción mindful de las necesidades de los que te rodean y de aportar tu granito de arena. Es el deseo sincero de hacer que la vida de los demás sea más fácil y agradable al compartir lo que tú tienes.

Estás rodeado de oportunidades para ser generoso. Y no tienes por qué colaborar con dinero o cosas materiales. Tu tiempo, energía, habilidades, experiencia, conocimientos y lecciones aprendidas también son valiosos. Al fin y al cabo todas esas cosas son valiosas dependiendo de cómo las uses, de si las compartes con los demás.

La generosidad es incondicional. Saber simplemente que has contribuido a mejorar la vida de alguien es la base de la generosidad. El mundo necesita donantes alegres y generosos, porque mejoran la sociedad. Nos inspiran. Nos ayudan a avanzar. Tú puedes ser uno de ellos.

Ponlo en práctica

«Hoy no habrás vivido como es debido hasta que hayas hecho algo
por alguien que nunca podrá corresponder a tu generosidad.»
– John Bunyan

Empieza con lo que ya tienes. Haz una lista con las cosas de tu vida que valores y agradezcas. ¿Cuáles de estas cosas podrías compartir con los demás? Piensa en cómo podrían cambiarle la vida a alguien. ¿Quién más lo sabría también valorar?

Duplícala. Si nunca has dado dinero, empieza dando una cantidad pequeña. Y más adelante duplícala. Dale dinero a alguien para comer o cocínale tú mismo algo. Y luego invita a comer a otras personas. Deja propinas. Y más adelante duplícalas. Sea lo que sea lo que hagas o des, auméntalo un poco más.

Da de corazón. Invierte tu tiempo, tu dinero o tu esfuerzo en algo en lo que creas, en algo que sea importante para ti. ¿Es la protección del medio ambiente, la pobreza o una religión? ¿Quizá sea la paz mundial, la nutrición infantil o los derechos de los animales? ¿O tal vez la educación, los derechos civiles o el agua sin contaminar? Averigua lo que te estimula, encuentra una oenegé que defienda esa causa y ayúdales en su labor.

Ofrece más adelante algo a una causa que necesite tu ayuda y apoyo, aunque no te atraiga como la otra ni te sientas vinculado a ella.

Encuentra una persona en la que creas. Si descubres que una persona de tu vida te motiva e inspira más que las oenegés y las buenas causas, dale en su lugar algo a esa persona.

Sé más consciente. ¿Conoces a alguien que sea generoso? Pasa tiempo con esta persona y aprende de ella.

Vive con menos cosas. Sé desapegado. Regala algunas de tus objetos en lugar de venderlos.

EN LA MULTITAREA CÉNTRATE SOLO EN UNA

«El tiempo solamente existe para que no ocurra todo a la vez.»
– Albert Einstein

Probablemente conoces a alguien que puede hacer varias cosas a la vez como si nada. Pero ¿las hace de verdad al mismo tiempo? Si lo observas con más detenimiento verás que lo que en realidad hace es *pasar* rápidamente de una tarea a otra, las ejecuta de una en una, aunque en una rápida sucesión.

Cuando realizamos varias cosas a la vez de ese modo, el cerebro es como la habitación de un hotel: una persona la ocupa y después se va. Y entonces la ocupa otra. Las dos no se alojan al mismo tiempo.

Si, como a muchas personas, te cuesta hacer varias cosas a la vez, seguramente es por intentar hacer dos de ellas simultáneamente: como navegar por Internet mientras hablas por teléfono, escribir mientras miras una película, o redactar un correo electrónico mientras escuchas la radio y comes una tostada.

O tal vez se deba a que en lugar de centrarte en una sola tarea, tu mente está distraída pensando en la siguiente.

Como no estás concentrado al cien por cien en ninguna de las que intentas hacer al mismo tiempo, solo usas una parte de tu cerebro en cada una.

Para poder hacer bien varias cosas a la vez debes hacerlo de un modo mindful. Concéntrate por completo en una sola tarea. Y luego pasa a la siguiente tarea o actividad.

Ponlo en práctica

«Un triunfador es una persona corriente, concentrada.» – Anónimo

Aprende a pasar de una tarea a otra con más soltura. Sé consciente de lo que planeas hacer. Ten claro las tareas que vas a llevar a cabo. Y luego decide cuánto tiempo te concentrarás en cada una. Hazla poniendo tus cinco sentidos en ella. Y después pasa a la siguiente tarea de tu lista.

Concéntrate en una sola cosa cada vez. Si descubres que estás pensando en otras tareas, párate, respira hondo y vuelve a llevar la atención a lo que tienes entre manos.

Combina tareas compatibles. No es posible hacer varias cosas a la vez, salvo en el caso de las tareas compatibles. Leer y escuchar al mismo tiempo a alguien hablar es muy difícil, son dos tareas demasiado parecidas como para que tu cerebro las haga al mismo tiempo. Sin embargo, combinar una tarea física (como construir o arreglar algo) con otra mental (como escuchar música o a alguien que te está hablando) es mucho más fácil de hacer.

Averigua si prefieres hacer dos tareas similares o alternar una con otra totalmente distinta. Al pasar a otra tarea tu cerebro tiene que adaptarse. Tal vez la transición te resulte más fácil si las tareas están relacionadas. O tal vez prefieres alternar una con otra totalmente distinta.

Por ejemplo, quizá no te guste ir a otra reunión tras haber asistido ya a una y prefieres trabajar en el ordenador un rato. O tomarte un breve descanso antes de pasar a la siguiente tarea.

AGUZA
TU INTUICIÓN

«Confía en ti. Te conoces mucho mejor de lo que crees.» - *Benjamin Spock*

La intuición es esa percepción sutil y rápida, ese conocimiento inmediato que te dice que algo es «correcto» o no lo es.

Si alguna vez sentiste de repente que algo no estaba bien —cuando las cosas no cuadraban— significa que tuviste una intuición, un conocimiento inmediato. Y también puedes haberte encontrado en una situación en la que todo *encajaba* a la perfección y te salía rodado, indicándote que te lanzaras a la acción. Eso también lo captaste gracias a tu intuición.

Aguzar tu intuición significa captar la información que tus sentidos te envían: lo que el oído, la vista, el olfato, el sabor, el tacto y las sensaciones físicas te están diciendo.

Todo el mundo está dotado de intuición. Esta facultad tiende un puente entre la mente consciente y el inconsciente, entre la razón y el instinto.

Los mensajes intuitivos son sutiles y rápidos, por lo que pueden pasar desapercibidos fácilmente. A menudo, son sofocados por el ruido interior y exterior y la actividad que tiene lugar a tu alrededor.

En estas ocasiones es cuando el mindfulness va de maravilla. El secreto para aguzar tu intuición es estar presente. La intuición vive en el presente. El mindfulness te ayudará a filtrar tu parloteo interior y el ruido, la actividad y las distracciones del exterior.

Ponlo en práctica

«Tu intuición sabe lo que debes hacer. El secreto está en silenciar tu cabeza para oírla.» - Louise Smith

Desarrolla la intuición. Resérvate dos minutos para silenciar la mente y estar presente en una serie de situaciones en casa, de camino al trabajo, en el trabajo, en un café, en la sala de espera del dentista... Respira con normalidad. ¿Qué ves o oyes, hueles, saboreas y sientes?

Observa tus pensamientos. Nota las sensaciones físicas. La temperatura del aire al salir por las fosas nasales. Los diferentes olores que flotan en el ambiente. ¿Qué oyes? Deja que los sonidos que percibes te lleven al momento presente.

Sal al exterior. Cambiar de ambiente reaviva tus sentidos. Observa el mundo transcurriendo a tu alrededor, capta la luz, las imágenes, los sonidos y los olores de ese distinto entorno.

Advierte lo habitual y lo nuevo en situaciones conocidas. Percibe los olores, los sonidos y las imágenes a tu alrededor, y cuando descubras que algo ha cambiado o es nuevo, reconocerás tu intuición comunicándose contigo.

Aguza tu intuición. Aprende a confiar en tus presentimientos. Si algo no cuadra, concéntrate en averiguar qué es. No dejes que nada te distraiga de ello.

Escucha tu cuerpo. Al tener de súbito un presentimiento o una visión, quizá hayas notado una opresión en el pecho, un nudo en la garganta, un cierto desconcierto, una voz en tu cabeza, una corazonada o incluso un sabor.

Presta atención por si se da una combinación de señales. Podría ser la visión fugaz de algo ocurriendo, una breve mirada que te dirige otra persona y un sonido momentáneo. Cuando toda la información captada por tus sentidos cuadre, significa que tu intuición te está diciendo algo alto y claro.

En otras ocasiones una sola señal será tan inequívoca que es como si tu intuición te estuviera gritando: ¡actúa ahora mismo!

SÉ ASERTIVO:
APRENDE A DECIR NO

«La asertividad no es lo que haces, ¡sino quien eres!» – Cal Le Mon

Tu jefe te pide que emprendas un nuevo proyecto, pero no estás seguro de tener las habilidades y la experiencia necesarias para realizarlo solo y te preocupan las consecuencias de negarte a ello. Un amigo te pide que vayas al cine con él, pero estás demasiado cansado. Tu hermano te pide que te quedes con sus hijos el fin de semana y aunque te den retortijones solo de pensarlo, no quieres fallarle.

¿Hay alguna otra situación parecida en la que quieras decir no a algo —rechazar con firmeza lo que alguien te pide—, pero te contienes porque no estás seguro de atreverte a negarte?

Ser asertivo es expresar con sinceridad y claridad tus sentimientos, opiniones y necesidades. Cuando eres asertivo le haces saber al otro, con claridad y sinceridad, qué quieres y qué no quieres, qué aceptas o qué no. Tienes en cuenta su punto de vista aunque tú no lo compartas.

El mindfulness es el primer paso para ser asertivo. En cualquier situación o interacción con otras personas, tienes que advertir y aceptar lo que sientes y lo que quieres y no quieres.

Capta lo que los demás piensan y sienten y tenlo en cuenta para poder encontrar una solución que os vaya bien a todos cuando esto sea posible.

Ponlo en práctica

«Para conocerse a uno mismo, uno debe ser asertivo consigo mismo.»
– Albert Camus

Aguza tu mente. Empieza percatándote de los sentimientos que te produce la situación. ¿Irritación? ¿Preocupación? ¿Inquietud? En lugar de dejar que tus sentimientos se apoderen de la situación, deja que *te den información* sobre ella. Percibir cómo te hace sentir una determinada situación te ayuda a aclararte sobre lo que quieres y lo que no quieres.

Tómate el tiempo necesario. Si no estás seguro de cómo te sientes, dile a la otra persona que no estás seguro y que necesitas un tiempo para reflexionar en ello. Dile cuándo le darás una respuesta. Y cumple con tu palabra.

Sé claro y directo. Di exactamente qué quieres o no quieres hacer. No intentes ser diplomático para quedar bien, eso solo confundiría más a la otra persona. Dile simplemente: «lo siento, pero no quiero, no puedo hacerlo...»

No le pongas un montón de excusas. Solo tienes que darle una razón válida de por qué no puedes o no quieres hacer algo.

Advierte lo que la otra persona te dice o siente. En cuanto le hayas dicho lo que quieres o no quieres, **detente** y escucha lo que te responde.

Acepta la respuesta, pero mantente firme en tu decisión. Con calma, respóndele de una manera que refleje que eres consciente de las necesidades de ambos y confirme, al mismo tiempo, que no piensas ceder.

O llega a un acuerdo y coopera. Dile lo que por tú lado estás dispuesto a hacer. Por ejemplo, te encargarás del nuevo proyecto si alguien más te echa una mano. Irás al cine si lo dejáis para el fin de semana en lugar de ir esa noche.

ACÉPTALO TAL COMO ES

«Por supuesto no hay una fórmula para el éxito excepto, tal vez, aceptar incondicionalmente la vida y todo lo que trae consigo.»
– Arthur Rubinstein

La aceptación significa ver que las cosas *están* (o *no están*) ocurriendo.

El mindfulness consiste en aceptar lo que ha ocurrido y lo que está ocurriendo ahora. En sentir lo que estés sintiendo sin intentar reprimir o controlar esos sentimientos o lo que está sucediendo, sea lo que sea.

Aunque esto no significa que te resignes o te rindas, sino que ves, en ese momento, la situación tal como es.

Como es natural, en la vida surgen problemas y dificultades, y no es fácil afrontarlos cuando estás sufriendo y deseando que no hubieran ocurrido. Pero aceptar lo que ha pasado significa reconocer que no puedes cambiar lo que *ya* ha sucedido.

¿Acaso tiene algún sentido oponerse a lo que ya ha pasado? Aunque esto no quiere decir que no puedas hacer algo por lo que está ocurriendo ahora, pero antes de intentar resolverlo tienes que aceptar qué es lo que te ha llevado a esta situación, a este momento presente.

En cuanto aceptas algo, en lugar de reaccionar, por ejemplo, rechazando impulsivamente la situación, puedes reaccionar actuando reflexivamente y con más sensatez.

La aceptación crea un estado de calma en el que puedes descansar sin sentir la necesidad de que las cosas fueran distintas.

La aceptación se da en el presente.

Ponlo en práctica

'«El mindfulness consiste simplemente en percatarte de lo que está ocurriendo en ese instante sin desear que la situación fuera distinta, en gozar del presente sin aferrarte a él cuando cambia (y sin duda lo hará), y en afrontar las cosas desagradables sin temer que nunca vayan a cambiar (ya que nada dura para siempre).» – James Baraz

Piensa en algo que te cuesta aceptar. Reconoce lo que ha pasado. Describe mentalmente o en voz alta lo que ha ocurrido. Siente sin reprimirte la ira, el disgusto o la decepción que te produce.

Cuando estés preparado, deja de aferrarte a ello y acéptalo. Acepta que algo ha ocurrido y que no puedes cambiarlo.

Empieza aceptando pequeñas cosas, como perder el autobús o el tren, o un bolígrafo o el encendedor, algo que no sea importante.

Dejar de aferrarte a las cosas pequeñas en la vida cotidiana fomenta la aceptación, el contento y la calma. Además te ayudará a afrontar mejor una oportunidad perdida, un cambio repentino de planes o una pérdida importante.

No pierdas demasiado tiempo, ni energía física o mental estando enfadado o disgustado. Úsalos con más sensatez.

Tal vez te quejes durante mucho tiempo por haber perdido el tren, o el móvil, o por sentirte mal, pero mientras lo sigas haciendo no resolverás nada. Seguirás atrapado en lo que te ha pasado en lugar de superar la situación y seguir con tu vida.

Pregúntate: «¿qué puedo hacer para resolver el problema?» Y si no tiene solución, ¿en qué puedes invertir la energía de una forma más productiva? «¿Cuáles son los aspectos de la situación que están bajo mi control?»

Puedes decidir centrarte en lo que te salió mal o en las cosas positivas que ahora puedes hacer. ¿Qué eliges?

SUPERA
LOS ANTOJOS

«Los antojos y el hambre falsa no son lo mismo que darle a tu cuerpo la energía que necesita.» – Deepak Chopra

Los antojos de comida suelen ser lo bastante fuertes como para hacer que te levantes y vayas directo a la nevera o al supermercado.

Por supuesto, un antojo ocasional es un placer que te puedes permitir, pero si te descubres luchando a diario con los antojos y quieres superarlos, el mindfulness te ayudará a liberarte incluso de los más fuertes.

Entender la naturaleza de los antojos también te será útil. Cuando sientes el deseo irresistible de comer algo, significa que tu atención se ha quedado enganchada en ello. Está obsesionada por el bacón crujiente, el chocolate, el pastel de zanahoria o cualquier otra cosa que estés deseando zamparte y no ve más que eso. No te lo puedes sacar de la cabeza y cada vez lo deseas con más ansia: es el pensamiento sobre el bacón, el chocolate o el pastel de zanahoria combinado con la sensación física que te produce.

En los antojos te fijas en las cualidades agradables de lo que quieres e ignoras la otra parte, los aspectos negativos o las consecuencias de haberte dejado llevar por ese deseo irrefrenable.

Al romper esta fijación por medio de la atención plena distingues el querer del obtener. El momento presente siempre está cambiando. Los pensamientos van y vienen en tu cabeza. Las sensaciones llegan y se van. Y con los antojos ocurre lo mismo. No duran eternamente. Siempre acaban desvaneciéndose, tanto si cedes a ellos como si no. Y el mindfulness te ayuda a superarlos.

Ponlo en práctica

«Los antojos no tienen fin. El contento es la mejor forma de ser feliz. Por lo tanto, cultiva esta virtud.» – Swami Sivananda

Sé consciente del antojo. Reconócelo como un impulso sin intentar cambiarlo o zafarte de él. Advierte los pensamientos que te vienen a la cabeza y la sensación física que te producen. Incluso puedes nombrarlo mentalmente: «Míralo, ahí está el antojo de comerme una tableta de chocolate».

Rompe la fijación. Recuerda tus buenas intenciones, te ayudarán a mantenerte centrado en lo que más importa y es lo que evitará que te dejes llevar cuando tus impulsos intentan apoderarse de ti.

Respira. Respira de manera consciente. Si te concentras en la respiración te distanciarás de tus impulsos al tomarte dos minutos de descanso para llevar la atención a la respiración y los podrás controlar con más facilidad.

Surfea el impulso. Si sientes que algo te está alejando de tus buenas intenciones «surfea el impulso». Imagínate que el impulso es una ola en el mar. Va aumentando cada vez más, pero pronto se romperá y disolverá. Imagínate cabalgando la cresta de la ola, sin luchar contra ella ni dejar que te arrastre consigo. Ten en cuenta que los antojos no duran para siempre: llegan y se van. Como las olas.

Distrae tu mente. Fíjate en alguna otra cosa para distraer tu mente, algo que capte tu atención. Llama a un amigo para charlar, mira una película o lee un libro. Haz algo físico: sal a dar un brioso paseo, tómate una ducha, pasa la aspiradora, barre el camino de tu casa.

Sé paciente y tolerante contigo mismo. No es fácil surfear un impulso, pero cada vez que usas técnicas de mindfulness, debilitas el antojo.

RESUELVE LOS PROBLEMAS PENSANDO CREATIVAMENTE

«La imaginación nos llevará a mundos inexistentes. Pero sin ella no iremos a ninguna parte.» – Carl Sagan

Solemos afrontar los problemas, los obstáculos y las dificultades laborales de la misma manera de siempre, usando los mismos métodos y procedimientos.

Es fácil apalancarse en hábitos mentales, basar las ideas nuevas en lo que te funcionó o no te funcionó en el pasado. Cuesta cambiar esos hábitos y rutinas mentales. Pero si siempre piensas de la misma forma, limitarás tu creatividad y tus opciones.

El mindfulness consiste en vivir el momento presente, pero el divagar de la mente también desempeña una función muy importante.

Dejar que tu mente divague y recree situaciones y posibilidades que no tienen nada que ver con aquello en lo que debes concentrarte no te ayuda para nada. En cambio, la mente mindful vaga de modo deliberado y enfocada en una tarea. Algo totalmente necesario para ser imaginativo y creativo.

El pensamiento creativo te permite ir más allá de las ideas fijas, las normas y la rutina para crear modos de actuar, ideas y métodos nuevos y valiosos.

Dejar que la mente divague para resolver un problema creativamente te da una nueva perspectiva y te ayuda a que se te ocurran ideas originales, rompedoras e innovadoras.

El divagar de la mente mindful y el pensamiento creativo te permiten ver las cosas con una mente de principiante: dejas a un lado tus ideas y conclusiones sobre lo que te funcionó o no te funcionó en el pasado y te abres a nuevas posibilidades.

Ponlo en práctica

«La creatividad se puede definir como el abandono de las certezas.»
– Gail Sheehy

Adopta una mente de principiante. Para entrar en este estado en lugar de pensar en lo que te funcionó o no te funcionó en el pasado, pregúntate qué harías si no tuvieras ninguna limitación en cuanto a dinero, tiempo, recursos o personas implicadas. ¿Qué harías en este caso? ¿Qué opiniones tendrías? ¿Qué decidirías llevar a cabo?

Deja que tu mente vaya más lejos aún. Imagínate qué ideas se les podrían ocurrir a otras personas, grupos u organizaciones. Por ejemplo, ¿qué haría José Mourinho? ¿Qué haría Beyoncé? ¿Qué harían Primark o John Lewis? ¿Qué haría alguien al que no soportas? Esta forma de pensar tal vez te parezca un poco descabellada, pero lo importante en esta etapa es imaginar toda clase de posibilidades y romper con las suposiciones de lo que es o no posible.

No te juzgues. No escribas solo ideas «buenas» y censures las ideas «malas» o «ridículas». Simplemente genera tantas ideas nuevas como te sea posible. En cuanto se te hayan ocurrido una serie de ideas, opciones y soluciones posibles, descubrirás que puedes desarrollar una o dos para encontrar opciones y soluciones originales y creativas a una determinada situación.

Practica el pensamiento creativo. Para despertar la creatividad de tu mente empieza pensando en 12 usos que le darías a un ladrillo. Por ejemplo, uno sería utilizarlo a modo de tope para una puerta. ¿Qué otros usos se te ocurren? Escribe en un buscador de Internet «50 cosas para las que sirve un ladrillo» para ver si las ideas que se te han ocurrido son originales.

DESPÍDETE DE LAS PREOCUPACIONES Y LA ANSIEDAD

«Preocuparte es usar tu imaginación para crear algo que no quieres.»
– Abraham Hicks

Solo con que una situación te vaya mal ya te dices que ahí está la «prueba» de que las cosas no te salen bien y que tenías todo el «derecho» a preocuparte.

Preocuparte te puede ser de ayuda cuando te anima a actuar y a solucionar un problema. Pero la situación no mejorará por más que te preocupes. Este estado mental no te ayuda a pensar con claridad ni a resolver el posible problema.

La agitación que te produce te aleja del presente llevándote a un futuro desconocido, hace que te sientas agobiado y paralizado por las constantes dudas, miedos y posibilidades negativas.

El mindfulness frena esta espiral de pensamientos negativos que no te ayudan para nada y te permite centrarte en el presente en lugar de estar adelantándote al futuro.

Ponlo en práctica

«No te preocupes sobre el futuro ni por ninguna otra cosa, porque preocuparte es tan eficaz como tratar de resolver una ecuación de álgebra masticando chicle.» – Mary Schmich

Deja que lleguen, acéptalos y deja que se vayan. En lugar de intentar rechazar o reprimir los pensamientos inquietantes o las preocupaciones, deja que lleguen y se vayan. Dite: «aquí llega el pensamiento de "suspenderé el examen" / "no me darán el trabajo que he solicitado" / "en la fiesta no conoceré a nadie".

Cada vez que te venga a la cabeza un pensamiento de esta índole, déjalo llegar y deja que se vaya. A continuación encontrarás varias formas de ver las preocupaciones y los pensamientos inquietantes:

- Como objetos en una cinta transportadora.
- Como vagones de tren circulando por la vía.
- Como nubes deslizándose por el cielo.
- Como globos alejándose en el espacio.
- Como hojas flotando en un riachuelo.

Vacía la mente. Exterioriza tus pensamientos, miedos y preocupaciones sobre las posibles situaciones escribiéndolos o contándoselos a alguien. Vaciar la mente para centrarte en el presente te irá de maravilla.

Busca una solución. Fíjate en lo que *puedes* cambiar en lugar de centrarte en los aspectos de la situación que escapan a tu control. Descubre un paso que puedas dar *ahora*, en el presente. En cuanto empieces a hacer algo para resolver el problema te sentirás menos preocupado, porque estarás pensando y actuando en el presente en lugar de proyectarte al futuro.

Céntrate en lo que está ocurriendo ahora mismo. Haz una actividad relajante para desconectar de tus preocupaciones, algo en lo que te puedas enfrascar durante diez minutos o una hora, algo que te relaje y atraiga, que lleve tu atención a la experiencia que estás viviendo en ese momento.

LAS CHARLAS TRIVIALES

«Las charlas superficiales no se me dan bien. ¡Prefiero esconderme en un armario para no tener que charlar de trivialidades!» – Caitlin Moran

¿Se te hace un nudo en el estómago solo de pensar en conocer a alguien por primera vez y te preguntas qué le vas a decir? ¿Te has quedado alguna vez metido en el coche, te has escabullido al cuarto de baño o has fingido no haber visto a un conocido para no tener que charlar con él?

Entablar conversación no le resulta fácil a todo el mundo. Muchas veces el temor a parecer falsos, sosos o estúpidos hace que nos cueste charlar de trivialidades y mucho más aún *mantener* una conversación.

Tal vez creas que las charlas superficiales no tienen ningún sentido y afirmes que solo te interesan las conversaciones «serias». Pero ¿cómo vas a poder mantener una conversación más profunda con alguien si no rompes el hielo?

Las conversaciones son como subir una escalera y las charlas intrascendentes sirven a modo de primeros peldaños. Esta clase de charlas crean conexiones de toda índole. Es una forma de abrirte puertas con relación a toda clase de personas y posibilidades. Al fin y al cabo, muchas amistades, relaciones y contactos laborales han surgido ¡de unos pocos comentarios sobre el tiempo!

El secretó está en ser cordial y accesible o, al menos, en parecerlo. Tu objetivo no es impresionar a los demás, sino mostrarles que eres una persona sociable y relajada que está dispuesta a charlar de cosas sin importancia por pura cortesía.

¡Hasta puedes llegar a conocer a alguien increíble que te cambie la vida!

Ponlo en práctica

«¡De los pequeños comienzos nacen grandes cosas!» - Proverbio

Presta atención y aguza la vista. Algunas de las conversaciones más fáciles surgen de lo que has observado a tu alrededor: algo que tiene que ver con el lugar donde estáis, algo que has advertido que alguien está leyendo, escuchando o llevando, o alguien que has visto conversando con otra persona.

Rompe el hielo con un cumplido. Una buena forma de entablar una pequeña charla es decir un cumplido y una pregunta a la vez: «Me he quedado impresionado por cómo has manejado la situación. ¿Cómo has logrado no perder los nervios?»

Di algo sobre ti. Coméntale algo que te interese y pídele su opinión. Podrías hablar, por ejemplo, de un libro, un bloc o una página web que te haya parecido original o una película que has visto hace poco, o de algo divertido, útil o interesante que has oído por la radio o por la televisión. Tu profesión, los viajes, las noticias de actualidad, las novedades, los chismorreos acerca de la vida de los famosos... todas estas cosas que tienen que ver con información, ideas y experiencias son ideales para entablar una conversación.

Di lo primero que te venga a la cabeza. Para que la charla no decaiga procura decir algo sobre lo que la otra persona pueda comentar o preguntar. Si te apetece hablar de la pizza que desayunaste, hazlo. Si este comentario lo unes a una pregunta, como «¿Qué es lo más raro que has desayunado en toda tu vida?» habrás encontrado un tema de conversación.

Practícalo. Acostúmbrate a charlar con desconocidos y adquiere el hábito de iniciar una conversación. Charla un poco con alguien que trabaje en una tienda, un café, un cine o un teatro. Esta clase de personas están acostumbradas a charlar con todo el mundo.

No te pases. Capta cuándo es mejor dejar de hablar y poner fin a la charla. No puedes conectar con todo el mundo y algunas conversaciones ¡no cuajan! Las pequeñas charlas también implican saber cuándo es hora de darlas por terminadas.

TOMA DECISIONES PONDERADAS

«No siembres tus sueños en el campo de la indecisión, donde no crece más que la maleza de los "y si..."» – Dodinsky

Decisiones, decisiones, decisiones. ¿Cómo tomar una buena decisión? ¿Cómo saber que lo que has decidido funcionará y, si no es así, que no lamentarás no haber tomado otra?

La respuesta es que no puedes saberlo ni hacerlo, porque es imposible. Cuando tomas una decisión es imposible saber con toda certeza que te saldrá como te imaginas.

Tanto si tiene que ver con un curso, un trabajo o una carrera o simplemente con el menú que elegirás, en una decisión interviene tanto la intuición como la razón. A veces no van al unísono: tu corazón te pide una cosa y tu cabeza, otra. Esta última se preocupa por los pros y los contras y las consecuencias de una «mala» decisión.

Pero pensar demasiado también te confunde y enturbia cuando tu corazón te dice que has tomado la dirección adecuada.

Por otro lado, si solo le haces caso a tu corazón te preguntarás si estás siendo demasiado impulsivo y te estarás perdiendo una opción «mejor».

A veces estás tan indeciso que no tomas ninguna decisión. Y, sin embargo, aunque no la tomes en realidad ya has tomado una: has decidido no decidir nada.

¿Qué puedes hacer? El mindfulness te ayuda a tomar decisiones en las que tus reacciones emocionales están equilibradas con tus respuestas lógicas. Te ayuda a ser consciente de la incertidumbre y a aceptarla, a tomar una decisión aunque no sepas adónde te llevará.

Ponlo en práctica

«En medio de un chaparrón: claridad.
En medio de una tormenta: calma.
En medio de intereses divididos: certeza.
En los caminos: una cierta decisión.»
– Mary Anne Radmacher

En cualquier situación en la que te cueste tomar una decisión:

- **Usa la cabeza.** Pregúntate cuáles son tus valores, lo que es impor-tante para ti. ¿Cuáles son tus objetivos? ¿Qué esperas alcanzar? Conocer tus valores y objetivos te ayuda a centrarte y reduce tus elecciones para que te fijes en los factores relevantes en lugar de hacerlo en los irrelevantes.
- **Escucha a tu corazón.** Cuando tu corazón —tu intuición— te dice que una dirección o una decisión en particular es la buena, es porque tu decisión es afín a tus objetivos y valores. La sensación de «¡Eso es!» no la sientes nunca como algo contradictorio o forzado, sino como lo mejor para ti.
- **Vence el miedo.** Acepta la incertidumbre. Toma una decisión a pesar de no saber lo que te espera. No olvides que no hay una decisión «buena» o «mala». Pregúntate simplemente: «¿Qué es lo peor que podría ocurrir? ¿Cómo puedo manejarlo?» Ten en cuenta que si las cosas no te salen como esperabas, cuando llegue el momento puedes intentar cambiarlas.
- **Vuelve a empezar con una mente de principiante.** Tanto si eliges una cosa como la otra: este trabajo o carrera o aquellos otros, si al final no te funciona piensa en lo que has aprendido de esa situación. ¿Qué has sacado en claro para que cuando tomes una decisión parecida la próxima vez te salga mejor?

Cuando te veas obligado a tomar una decisión rápida, echa una moneda al aire. ¿Por qué? Porque cuando está en el aire, en ese momento sueles ¡descubrir lo que en realidad deseas!

DEJA LA ENVIDIA ATRÁS

«Lo que es ciego no es el amor, ¡sino los celos!» – *Lawrence Durrell*

Siempre hay algún conocido que tiene un estilo de vida, una pareja, una casa o un trabajo maravillosos. Siempre hay otras personas más ricas, con más amigos y con una familia mejor. Alguien más joven, más elegante y más inteligente. A decir verdad siempre hay alguien en alguna parte que parece estar en mejor posición que tú.

Una punzada de envidia puede ser útil. Te empuja —incluso te inspira— a mejorar tu situación y a alcanzar más cosas.

Sin embargo, cuando la envidia se apodera de ti tiene el efecto contrario, tu mente estrecha y cerrada te impide avanzar de manera positiva. Estás atrapado. Atrapado en tu envidia.

Cuando la envidia te atenaza, comparas tu situación con la de los demás y te parece que la tuya deja mucho que desear.

Tal vez la posición social de otra persona te hace sentir amenazado, o que no das la talla, inseguro de ti mismo y de tus capacidades o logros. Quizá crees que sus virtudes destacan tus defectos. Tal vez estás molesto con ella por «hacerte» sentir envidia: atrapado en una espiral descendente de amargura y rabia.

La envidia te hace perder el contacto con quien eres. Creas una falsa imagen de ti basada en otra persona, en la que te comparas con ella, con quien es y con lo que tiene.

No ves más que lo que ella tiene y tú no.

En lugar de centrarte en lo que no tienes, el mindfulness te anima a fijarte en lo que tú *tienes* y a saberlo valorar, y también a esforzarte para alcanzar lo que deseas.

Ponlo en práctica

«No pierdas el tiempo sintiendo envidia, a veces estás a la cabeza, otras en la cola... la carrera es larga y al final no es sino contigo con quien la mantienes.» – Mary Schmich

Admite tu envidia. La próxima vez que te descubras sintiéndote molesto y dolido por no tener lo que otra persona tiene, acepta que estás sintiendo envidia. Hazlo diciéndote simplemente: «Esto es envidia».

Analiza esta emoción. Puedes hacerlo literalmente: escribe cómo te sientes y luego piensa en ello y lee lo que has escrito.

Obsérvala. Usa la técnica de la respiración consciente para calmar tu mente y la intensidad de la emoción.

Deja que se vaya. Deja que desaparezca. Dite que no necesitas esta emoción y que la abandonas.

Aprende de ella. ¿Qué es lo que otro tiene que tú deseas? Adopta una mente de principiante. Céntrate en volver a empezar y en alcanzar lo que quieres conseguir. En lugar de quedarte atrapado en la envidia —«¿Por qué esa persona lo ha conseguido y yo no? ¡Quiero lo que ella tiene!»— fíjate en cómo puedes hacer realidad tus sueños.

Acéptalo. Si no es posible tener lo que esa persona tiene, acéptalo. Deja de compararte con ella. En su lugar, cálmate y céntrate en lo que *posees* y en lo que *puedes* conseguir.

RODÉATE DE
PERSONAS POSITIVAS

«Rodéate solo de personas que te ayuden a ser cada vez mejor.»
– Oprah Winfrey

Reconocer a las personas positivas no es difícil. Cuando estás a su alrededor te sientes a gusto. Puedes ser tú mismo.

Una persona positiva podría ser la que te apoya en tus momentos bajos y te divierte cuando estás en plena forma. Es alguien que te ofrece sabiduría y consejos cuando te sientes perdido y confundido, alguien que percibe tus cualidades aunque tú no sepas verlas.

Una persona positiva podría ser alguien a quien conoces que sea de mentalidad abierta, compasivo y generoso. Alguien que sabes que tiene el valor de intentar alcanzar sus sueños, que te inspira.

Imagínate un pez que crece según el ambiente donde vive. Si lo dejas en un cubo de agua, solo crecerá cinco centímetros. Pero si lo sueltas en un lago, llegará a medir sesenta. ¿Eres como un pez metido en un cubo de agua?

Cuando te rodeas de personas positivas, los límites de lo que es posible aumentan. Lo cual a su vez te permite pensar en ideas y posibilidades nuevas.

No olvides que te vuelves como las compañías que frecuentas. Así que elígelas cuidadosamente.

Ponlo en práctica

«Las buenas personas sacan lo mejor de uno.» – Anónimo

¿Quién hay en tu vida que encaje con las descripciones de la lista?

- Alguien que me hace sentir bien en mi piel.
- Alguien con quien puedo ser yo mismo.
- Alguien que escucha lo que quiero expresar.
- Alguien con quien puedo hablar cuando estoy preocupado.
- Alguien que me hace reír.
- Alguien que me inspira.
- Alguien que me presenta ideas nuevas, proyectos o personas interesantes.

En tu vida tal vez haya una persona distinta o una serie de ellas para cada situación de la lista. O quizá una o dos coincidan con todas las descripciones que contiene. No es necesario que sean amigos o familiares, también pueden ser colegas o vecinos.

Adopta una mente de principiante y piensa creativamente. La persona que te hace reír podría ser un humorista de la televisión. La que te echa una mano cuando estás preocupado podría ser alguien de un grupo de apoyo, un asesor financiero o el médico de cabecera. La que te inspira podría ser el autor de un libro que has leído que superó una adversidad en la vida.

Lee sobre personas positivas. Podría ser gente común y corriente o famosos que te inspiran. Pero no te limites a leer sobre la gente positiva. Intenta descubrirla. Busca a personas que compartan tus mismos intereses.

Busca en Internet a gente que te permita descubrir ideas y actividades nuevas. Únete a una clase o un grupo de personas con ideas afines a las tuyas para hacer una actividad que te atraiga (por ejemplo, cantar en un coro, jugar a tenis, practicar senderismo, estudiar la historia local), o promover una causa (por ejemplo, recaudar fondos para la investigación contra el cáncer, renovar un edificio del barrio).

EVITA COMER EN EXCESO

«El médico me ha dicho que deje de celebrar cenas íntimas para cuatro, a menos que haya tres personas más cenando conmigo.» – Orson Welles

En la actualidad la comida es más accesible, más asequible, más abundante y más variada que nunca.

Es fácil comer en exceso, más de lo que necesitas. Algunas personas son golosas, otras prefieren los postres salados. Algunas comen como una lima, otras andan mordisqueando siempre algo entre horas.

A lo mejor comes incluso cuando no tienes hambre y sigues comiendo a pesar de sentirte lleno, sin prestar atención a la comida ni a la sensación de saciedad. Tal vez ingieres una comida, un bocadillo o una porción de pastel sin apenas apreciar uno o dos bocados. Esto te pasa porque al no estar presente tu mente ni tu boca, no saborean la comida ni disfrutan de ella.

Si piensas en la comida, quizá te digas que *podrías* o *deberías* terminarte toda la comida del plato, o incluso la del plato de otra persona, para no desperdiciarla.

Cómo comes y la clase de comida que ingieres tiene mucho que ver con los hábitos, la repetición de reacciones automáticas, y los pensamientos y sentimientos relacionados con la comida y con la ingestión compulsiva de alimentos. El mindfulness te ayuda a percatarte más de esos hábitos sin juzgarlos y crea un espacio entre la alimentación compulsiva y la alimentación consciente.

Ponlo en práctica

«Comer es una forma natural de sentirte feliz. Pero comer de más, no lo es.» – Deepak Chopra

Piensa antes de comer. Tómate un momento para preguntarte cuánta hambre tienes en una escala del 1 al 10, y si esa hambre coincide con la comida que hay ante ti. Recuerda que no *tienes* porque comerte todo lo del plato.

Presta atención. No comas mirando el televisor o ante el ordenador, de pie frente a la encimera de la cocina o hablando por teléfono. Esta forma de comer hace que no te des cuenta de la cantidad de comida que ingieres. Recuerda el proverbio zen: «Cuando camines, camina. Cuando comas, come».

Come con más calma. Por lo visto tu cuerpo tarda 20 minutos en registrar que estás lleno y durante ese tiempo podrías seguir comiendo. Come con más calma. Deja el tenedor sobre la mesa a cada pocos bocados. Observa cómo te sientes: «¿Tengo todavía hambre o me siento satisfecho?»

Usa platos más pequeños. Usa un plato de 20 centímetros de diámetro en lugar de uno de 30, así te servirás raciones más pequeñas. Por lo visto, los estudios han demostrado que cuando comes en un plato más pequeño consumes un 22 por ciento menos de comida.

No bajes la guardia. Si vas a comer a un restaurante, advierte la cantidad de comida que consumes. No te zampes todas las patatas fritas, ¡con un puñado ya basta! Piensa en lo que más te gusta comer y resérvate las calorías para ese plato. ¿La loncha de queso de la hamburguesa es imprescindible para ti? Si no es así, evitarás ingerir cien calorías. Las salsas, los aliños para las ensaladas, la mantequilla... tú eres el que controla la cantidad de ingredientes que necesitas o quieres en tu plato.

NO SEAS PREJUICIOSO

«Cuando juzgas a otros, no les defines, te defines a ti mismo.»
– Wayne W. Dyer

No ser prejuicioso significa que en lugar de evaluar lo que ocurre, en vez de ver algo como «bueno» o «malo», «correcto» o «incorrecto», te limitas a experimentarlo y observarlo.

Significa que no le das ningún significado a los episodios, a tus pensamientos, sentimientos y acciones, o a las acciones de los demás. Simplemente observas las cosas con objetividad, que es lo contrario de formarte una opinión.

Al fin y al cabo las experiencias y los episodios solo adquieren significado cuando tú se lo das con tus pensamientos.

En su libro *El origen de las especies,* Charles Darwin no describe nada —ninguna planta o animal— como «hermoso», «feo», «aterrador» o «tímido». Se limita a catalogarlos según una descendencia común.

Si la dejas a sus anchas, tu mente tenderá a juzgar las cosas como buenas o malas, correctas o incorrectas, justas o injustas, importantes o poco importantes, urgentes o no urgentes, etcétera. Lo hace tan deprisa que tus vivencias se colorean en cuanto surgen.

El mindfulness consiste en ser consciente de esto y en verlo todo sin contaminarlo. Implica advertir tu experiencia tal como es mientras la vives y no según como tu mente la juzga. Esta actitud te permite pensar en las cosas de otro modo.

Ponlo en práctica

«No juzguéis y jamás os equivocaréis.»
- Jean-Jacques Rousseau

Advierte cuándo tu mente está juzgando algo. Tal vez te sorprenda la frecuencia con la que juzgas algo como agradable o desagradable a lo largo del día. Tus sentidos observan las experiencias y las etiquetan: viéndolas, oyéndolas, catándolas, oliéndolas, tocándolas e interpretándolas.

Escribe los juicios, evaluaciones, elogios... que te vengan a la cabeza durante varias horas. Escribe todo lo que has hecho, lo que ha ocurrido, lo que otras personas han realizado. Y luego recuerda qué pensamientos les has atribuido a esas acciones. Sé consciente de cómo tu mente lo juzga y separa todo en bueno y malo y en correcto e incorrecto.

Después, en lugar de escribir sobre lo que *ha* ocurrido, escribe acerca de lo que *está* ocurriendo. Escribe sobre tu experiencia en el aquí y el ahora. Limítate a *describir* lo que ves, oyes, sientes o hueles.

Evita usar palabras evaluadoras: palabras que estiman o comparan lo que ves, saboreas, hueles, etcétera. Descríbelas simplemente... eso es no ser prejuicioso.

UN TRABAJO AFÍN
A TUS VALORES

«No te preocupes por lo que el mundo necesita. Pregúntate qué es lo que te hace vibrar y hazlo. Porque lo que el mundo necesita es gente que se sienta viva.» – Howard Thurman

Que no te importe tu trabajo, creer que no tiene sentido, sentir que no estás dando lo mejor de ti y no saber qué otra cosa hacer puede generarte tedio, frustración e incluso una depresión.

Cuando te apasiona tu trabajo significa que te dedicas a algo afín a tus intereses, cualidades y valores. Tu trabajo refleja quién eres de verdad, la persona que eres en este momento. Estás presente, concentrado y absorto en lo que tienes entre manos, sin desear estar en alguna otra parte realizando otro tipo de trabajo.

Para dar los pasos que te llevarán al trabajo que *deseas* hacer identifica cuáles son tus valores. A lo largo de la vida has ido adquiriendo una serie de valores, creencias, ideas y cualidades que son importantes para ti. Por ejemplo, tal vez creas que debes ser sincero o leal a toda costa, y entregado a tu trabajo. Pienses lo que pienses, tus valores son una parte fundamental de quien eres y de quien quieres ser.

Cuando lo que haces no concuerda con tus valores, sientes que algo va mal en tu vida. Pero cuando concuerda, sabes que estás haciendo lo correcto. También eres capaz de aprovechar las oportunidades cuando se presentan. No se trata de convertirte en otra persona, sino de ser cada vez más tú mismo.

Ponlo en práctica

«Solo la verdad de quien eres, si llegas a ella, te hará libre.»
– Eckhart Tolle

Descubre qué es importante para ti. ¿Qué valoras? Para ayudarte a empezar a hacerlo, considera los siguientes valores personales:

Compasión, intrepidez, independencia, inclusividad, entusiasmo, sinceridad, fiabilidad, paz, atrevimiento, creatividad, aceptación, diversión, pertenencia, cooperación, certeza.

Para reflexionar más a fondo sobre ello, escribe «lista de valores» en un buscador de Internet, así dispondrás de una larga lista de valores que te ayudará a decidir cuáles son importantes para ti.

Céntrate después en unos valores *laborales* en concreto, las cosas que para ti son importantes en tu profesión. Como, por ejemplo, ayudar a los demás, el prestigio y el estatus, la seguridad de un buen trabajo, un equipo, trabajar por cuenta propia, ser apreciado, cobrar un buen sueldo, el liderazgo y la influencia, la variedad, los retos, la creatividad, la rutina y el procedimiento que se debe seguir.

Escribe «valores laborales» en un buscador para disponer de una lista más larga que te ayude a decidir cuáles son más importantes para ti.

Si tu trabajo, tu profesión o tu carrera no reflejan tus valores, piensa en la clase de trabajo o profesión que los reflejaría.

Sé paciente. Ten en cuenta que tus valores son los principios por los que te riges: tendrán que ser flexibles y tal vez no puedas aplicarlos al cien por cien durante un tiempo, depende de otras obligaciones que tengas en la vida.

Si tu trabajo actual no refleja tus valores, intenta que aparezcan en otras esferas de tu vida. Si, por ejemplo, el trabajo que haces en la oficina no coincide con tus valores respecto a la osadía, la intrepidez y los retos, ¿qué actividades podrías hacer en tu tiempo libre que reflejaran estos valores?

ÁRMATE
DE CORAJE

«El valor es estar muerto de miedo y aun así ensillar el caballo.»
– John Wayne

Coraje. Esta palabra ha pasado ahora de moda. Pero en la época medieval el coraje, unido a la prudencia, la justicia y la moderación, se consideraba una de las cuatro virtudes cardinales. Evoca la imagen de una férrea determinación o de luchar contra viento y marea.

«Coraje» procede de la palabra francesa *coeur,* que significa «corazón». El coraje es un estado del corazón. Es la capacidad de hacer lo correcto, aunque te aterre.

Coraje es la cualidad mental o anímica que te permite hacer frente a las dificultades pese a tu miedo e inquietud. Te da el valor para hacer algo que te causa pavor. Es la firmeza de ánimo frente al dolor, la hostilidad o la intimidación.

Tanto si se trata de dejar un trabajo o una relación, de mudarte de lugar, o de hacer valer tus derechos o los de otra persona, el coraje te da valor y te ayuda a pasar a la acción.

Cada día pueden surgir situaciones que te exijan tomar una decisión audaz. Quizá debas armarte de valor para presentar una idea nueva en el trabajo, para defenderte o para decidir algo que a otros no les gustará.

El coraje te obliga a actuar como si confiaras en ti, sea cierto o una mera fachada. La confianza y el valor surgen al actuar como si no tuvieras miedo, aunque lo tengas.

Ponlo en práctica

«Aprendí que la valentía no es la ausencia de miedo, sino el triunfo sobre el miedo. El hombre valiente no es el que no siente miedo, sino aquel que conquista ese miedo.» – Nelson Mandela

Cultiva tu valentía. Haz una cosa cada día que te dé miedo y nota cómo tu valentía aumenta.

Aquí tienes varias ideas:

- **Empieza algo nuevo.** Hace falta valor para aprender algo nuevo. Asiste a una clase nueva de ejercicio físico, aunque no conozcas los movimientos.
- **Visita algún lugar desconocido.** Toma una ruta distinta para ir al trabajo y volver a casa. Ve a un restaurante diferente del que sueles elegir. Visita un lugar desconocido. Si sueles salir en grupo, sal solo.
- **Di lo que sientes.** Di lo que piensas si normalmente te lo callas.
- **Grita.** En una playa desierta, en el coche o pegando la cara a la almohada. El grito que sale de dentro te da energía y valor.

Entra en contacto con tu valor. Piensa en una situación que te asustaba y en la que, sin embargo, venciste tu miedo y pasaste a la acción. ¿Qué es lo que te ayudó? ¿Qué hicieron o dijeron los demás que te ayudó a armarte de valor? ¿Qué pensaste o sentiste? Siente ese valor en este momento, ahora mismo: siente la fuerza del valor.

Céntrate. El valor aparece al estar motivado por un objetivo claro o por el sentido del deber. Saber con certeza por qué estás haciendo algo y qué es lo que quieres conseguir, tener esto en cuenta impide que las dudas, la incertidumbre y el miedo se apoderen de ti.

Respira desde el corazón. No olvides que coraje significa «corazón». Mantente sereno y centrado al hacer la respiración del corazón. Ponte la mano en el corazón e imagínate que inhalas y exhalas desde el espacio del corazón.

SÉ PERSUASIVO

«Mi mayor logro fue convencer a mi mujer para que se casara conmigo.»
– Winston Churchill

La mayoría de personas hemos tenido que convencer a alguien en algún momento de nuestra vida. Tal vez quisiste convencer a un colega para que colaborara contigo en un trabajo o a tu jefe para que aceptara tu brillante idea. Tal vez intentaste convencer a tu hijo adolescente para que fuera a una reunión familiar o a tu pareja para que aceptara ir de vacaciones a alguna parte.

Convencer a alguien no es intentar *obligarle* a ceder a tus deseos ni discutir afirmando que tu idea o forma de proceder es la mejor. Esta actitud seguramente haría que esa persona se pusiera a la defensiva.

La persuasión exige las cualidades mindful de implicarte en el tema, reconocer las razones de la otra persona y ser paciente. Si quieres convencer a alguien para que se avenga a tus deseos tienes que explicarle qué es lo que quieres que haga y que ganará con ello. Tienes que pedírselo de una manera que le resulte atractiva tanto a su mente como a su corazón. Y además estar dispuesto a llegar a un acuerdo y a comprometerte con la persona a la que estás intentando convencer.

Ponlo en práctica

«Con la paciencia se aplaca el príncipe, y la lengua blanda quebranta la dureza.» – Proverbios, 25,15

Sé paciente. No solo es importante lo que dices, sino *cuándo* lo dices. Si es posible, presenta tu propuesta a la persona que quieres convencer en el momento en el que más presente, receptiva y abierta esté.

Implícate. Pregúntate con qué puedes motivarla. ¿Qué es lo que más le gusta? ¿Te estás basando en la información del pasado que tenías de ella? En lugar de intentar persuadirla y motivarla de la forma habitual, prueba un método nuevo. Pregúntale cuáles son sus intereses y objetivos.

Escucha. Una de las mejores maneras de convencer a alguien es prestándole atención con los oídos. Escucha sus objeciones. Tenlas en cuenta e intenta comprenderlas. Si nota que la entiendes y que te pones en su lugar, estará más dispuesta a colaborar.

Procura dar con una solución. Llega a un acuerdo y comprométete con la otra persona. Explícale qué es lo que estás dispuesto a hacer o a conceder.

Ten paciencia y espera. El apremio y la inmediatez son los enemigos de la persuasión. Es mejor que no le metas prisas para que acceda a tus sugerencias. Comunícaselas y deja que reflexione sobre ellas con toda tranquilidad.

Déjalo correr. Reconoce cuándo es obvio que no va a aceptar lo que le has propuesto y déjalo correr. No sigas intentando convencerla y en su lugar recurre a un plan B.

TÓMATE CON CALMA LOS DESPLAZAMIENTOS

«Los viajes te dejan sin habla. Y te convierten en un narrador de historias.»
– Ibn Battuta

Como cualquier viaje, los desplazamientos para ir al trabajo y regresar luego a casa son momentos de transición. Y en esta clase de momentos tu mente suele proyectarse al futuro (de todos modos estás yendo a alguna parte) o a retroceder al pasado.

Quizá los trayectos diarios que realizas son para ti un hueco entre obligaciones, los momentos en los que te olvidas de tu jornada laboral y todavía no te has sumergido en las actividades del hogar. La parte del día en la que puedes desconectar, un tiempo ideal para escuchar música, podcasts y audiolibros.

O quizá los ves como una estresante pérdida de tiempo, sobre todo cuando te topas con retrasos, interrupciones y cancelaciones inesperadas debidos a «dificultades técnicas», huelgas u otras razones que no puedes controlar.

La falta de información y la incertidumbre te ponen los nervios de punta y hacen que la espera se te haga eterna. Y además el problema no depende de ti. La situación te parece injusta y empiezas a crisparte e incluso a enojarte. Y, sin embargo, los retrasos y las cancelaciones son inevitables, forman parte de los desplazamientos cotidianos.

¿Qué puedes hacer para ser paciente y flexible cuando te encuentres con un retraso? El mindfulness te ayudará a no perder la calma hasta que el problema se resuelva.

Deja de ver los desplazamientos como una causa diaria de estrés y tómatelos como un relajante tiempo de descanso entre las obligaciones del trabajo y las tareas familiares.

Ponlo en práctica

«Vayas donde vayas, hazlo con todo tu corazón.» – Confucio

Si conduces, hazlo con atención plena. Siente el volante girando entre tus manos. Nota los pies sobre los pedales. Escucha el sonido del motor cuando efectúas los cambios de marcha. Mira por los retrovisores y fíjate en los detalles en la carretera que se extiende ante ti para ser consciente del mundo que te rodea.

Sal con tiempo de sobra. Así, si surge algún contratiempo reducirás al mínimo el estrés de tener que ir a toda prisa más tarde. Y si acabas llegando antes de la hora prevista, podrás dedicar el tiempo que te sobra a hacer algo en modo mindful.

Los retrasos son inevitables. Tú ya lo sabes, de modo que tenlos en cuenta. En el tren o el autobús, lee o escucha música. Haz un descanso entre capítulos o pistas para mirar por la ventanilla y contemplar el panorama desfilando ante ti. Percibe el ritmo y el ligero vaivén del tren.

Si tu medio de transporte se retrasa, acéptalo sabiendo que no puedes hacer nada para solucionarlo y céntrate en lo que *está bajo tu control*. Puedes, por ejemplo, telefonear para avisar que llegarás tarde. O pedirle a alguien que te venga a buscar cuando llegues a tu destino, o hacer la última parte del trayecto en taxi.

Recuerda que por más estresado o nervioso que te pongas la situación no va a mejorar. Invierte tu tiempo y energía en mantener la calma. Respira. Esto te dará una sensación de espacio cuando viajes en un autobús o un tren abarrotado de gente por culpa de un retraso imprevisto. Sé paciente. Las cosas se arreglarán a su debido tiempo. No olvides que esta situación también es pasajera, como todo lo demás.

CONTROLA TU ENOJO

«La ira es un ácido que daña más al recipiente que la contiene que a cualquier otra cosa sobre la que se vierta.» – Mark Twain

Se te revuelve la sangre. Sientes que estás a punto de explotar. El corazón se te acelera. La respiración se te agita y entrecorta. El cuerpo se te crispa.

Enojarte no es malo. El enojo es una emoción humana, una respuesta natural ante alguna clase de injusticia, ofensa, amenaza o ataque personal.

El problema es que cuando te enfureces te vuelves irracional e ilógico fácilmente, porque la ira se apodera de ti ofuscándote la mente. Por lo que puedes hacer algo que más tarde lamentes, sea lo que sea lo que te haya hecho montar en cólera.

Mantener la calma no es fácil, pero para pensar con claridad tienes que tranquilizarte. Es como ponerte la mascarilla de oxígeno en un avión que ha tenido un percance antes de ayudar a los pasajeros de tu alrededor. Si pierdes el conocimiento no podrás ayudar a nadie. Y cuando estás furioso pierdes el control, no eres de ayuda para ti ni para nadie. Pero si te mantienes lúcido, sereno y concentrado puedes pensar con claridad y ser de utilidad.

Debes reducir la posibilidad de perder los nervios y aumentar tu capacidad de pensar con más claridad. Una respuesta mindful surge con la misma rapidez que una reacción airada, pero produce un resultado totalmente distinto.

Las técnicas de mindfulness no significan que no vayas a enojarte nunca, sino que te ayudan a recuperar la calma para poder pensar con más claridad y responder mejor a la situación.

Ponlo en práctica

«Si eres paciente en un momento de rabia, te ahorrarás cien días de sufrimiento.» – Proverbio chino

Capta las señales físicas de cuando estás a punto de perder los estribos.

Tal vez sientas que:

- Se te acelera el corazón y la respiración.
- Se te tensa la mandíbula.
- El cuerpo se te crispa
- Subes el tono y la intensidad de la voz.

Párate unos momentos y respira. Concéntrate en la respiración.

Distrae tu mente. Evádete pensando en algo que no requiera demasiado esfuerzo. Aquí tienes algunas ideas.

- Recita el alfabeto al revés (de la Z a la A) mentalmente.
- Cuenta hacia atrás solo con los números impares, a partir de 59: 59, 57, 55, 53...
- Visualiza lo que hiciste ayer, desde que te despertaste hasta que te fuiste a la cama.
- Recita mentalmente un poema o la letra de una canción.
- Crea un espacio mindful para tu cabreo: *acabará desapareciendo.*
- Desfógate aporreando una almohada o llorando, chillando, gritando o soltando exabruptos sin alarmar a nadie, o haz todas estas cosas si quieres.
- Sal a pasear, a correr o a dar una vuelta en bicicleta, o practica alguna otra clase de ejercicio que te guste.
- Canta en voz alta al ritmo de una música con ritmo y animada. Te ayudará a liberar una parte de la energía que va unida a la ira.
- O para subirte el ánimo y tranquilizarte, escucha música relajante.
- Llama a un amigo. Cuéntale lo que te ha pasado y lo enfurecido que estás.

En cuanto te hayas serenado, podrás pensar con claridad y decidir qué vas a hacer a continuación. Pero no le des demasiadas vueltas al asunto ¡para que los ánimos no se te vuelvan a encender!

LA GROSERÍA
AJENA

«Para atravesar la coraza más impenetrable usa tu toque más suave.»
– Haven Trevino

Hace varios años, mientras el escritor y profesor Arthur Rosenfeld estaba en su coche en un Starbucks de Florida esperando su turno en una larga cola, el conductor de detrás, impacientándose, montó en cólera y se puso a pegar bocinazos y a insultar a Arthur y a los empleados de Starbucks.

«¡Ya te enseñaré yo lo que les pasa a los tipos groseros e impacientes!», se dijo Arthur para sus adentros. Pero de pronto fe consciente de que tenía el rostro tan contraído por la ira y el odio como el molesto conductor de atrás.

En ese momento experimentó lo que Arthur denomina «un cambio de conciencia»: decidió mantener la calma y transformar la negatividad en algo positivo. Pagó su pedido, el del tipo furibundo y luego se marchó. Al llegar a su casa descubrió que su acción había salido en los telediarios de la NBC. A las veinticuatro horas las noticias de lo que había hecho se habían propagado por todo el mundo a través de Internet y de la televisión.

Tú también debes de haberte topado con personas mezquinas y groseras. Como un conductor que te corta el paso de pronto o alguien que se cuela en una cola. O un tipo que te interrumpe varias veces mientras estás hablando, o que te dice o escribe algo horrible para herir tus sentimientos.

Cuando alguien es grosero o hostil solemos suponer lo peor y enseguida intentamos defendernos o atacar. ¿Cómo podrías tú —como Arthur Rosenfeld— experimentar un «cambio de conciencia»? ¿Cómo podrías sacar lo mejor de ti cuando estás deseando vengarte?

Ponlo en práctica

«Silencia al airado con amor. Silencia al malvado con bondad. Silencia al tacaño con generosidad. Silencia al mentiroso con la verdad.»
– El Buda

Practícalo respondiendo con bondad. La próxima vez que leas o escuches (por la radio, la televisión, o de boca de alguien) la opinión de otra persona y sus ideas te saquen de quicio, piensa en darle el beneficio de la duda. Cree en algo bueno sobre ella en lugar de en algo malo.

No la juzgues. Asume que ha tenido un mal día y que por desgracia te ha tocado a ti aguantarla. Procura no hacerte una mala idea de nadie y ve sus rasgos negativos como parte de la naturaleza humana, todos tenemos tanto aspectos positivos como negativos. Al verla bajo esta luz podrás reaccionar con una actitud positiva.

La próxima vez que alguien sea mezquino o grosero contigo, respira. Cuenta hacia atrás a partir de siete. Observa tu reacción, nota tu cuerpo tensándose y tu mente intentando interpretar la situación y echarle la culpa al otro.

Déjalo correr. Si es posible, ten un gesto conciliador y amable con la otra persona. Pero si lo rechaza o se trata de un desconocido, aléjate del lugar. Maya Angelou dijo en una ocasión: «cuando alguien te muestra quién es, créetelo de buenas a primeras». Lo último que quieres es meterte en problemas. Las personas mezquinas y groseras están estresadas y pueden perder los nervios de buenas a primeras. Cualquier cosa que digas o hagas les puede sentar mal y podrías acabar metiéndote en un buen lío.

PREGÚNTATE DE DÓNDE VIENE TU COMIDA

«Dime lo que comes y te diré quién eres.»
– Jean Anthelme Brillat-Savarin

La mayoría de personas ignoramos de dónde procede la comida que consumimos. Al pensar en ello, nos vienen a la cabeza tiendas de alimentación y supermercados en lugar de imágenes de granjas. Nos relacionamos con los dependientes y no con los productores.

Las granjas industriales tienen muchas ventajas: son innovadoras, usan una tecnología moderna, forman parte del comercio global y ponen a nuestra disposición una gran variedad de productos alimenticios. Y, sin embargo, también tienen sus desventajas. Contaminan el ambiente, perjudican a los trabajadores, socavan las comunidades rurales y ponen en peligro el bienestar de los animales. Las granjas industriales nos desconectan de la comida que consumimos.

Y, sin embargo, hace solo cien años lo normal era consumir los productos de la región.

El mindfulness te anima a pensar en la procedencia de los alimentos que consumes. ¿Quién los ha cultivado o criado? ¿Cómo lo han hecho? ¿De dónde proceden? ¿Cómo han llegado hasta ti? Es muy probable que además de valorar más lo que comes, descubras que tus hábitos como consumidor también cambian.

Desde cultivar un huerto hasta visitar un mercado callejero de agricultores, la respuesta es más compleja de lo que parece, pero al menos es un comienzo: un comienzo consciente.

Ponlo en práctica

«Lo más interesante sobre la comida es que es un proceso y no un producto. Todo lo que se encuentra en el supermercado ha tenido una vida fascinante, pero la mayoría de consumidores no ven más que un momento en el ciclo de cada producto alimenticio.»
– Barbara Kingsolver

Visita granjas que venden directamente al consumidor sus productos. También las hay que comercializan su producción por Internet. Conecta con los granjeros y los agricultores.

Conciencia a tus hijos. Ayuda a tus hijos a conocer de dónde viene la comida que ingieren. La web de la Fundación Británica de Nutrición www.foodafactoflife.org.uk ofrece una variedad de actividades muy instructivas dirigidas a niños y jóvenes para que descubran cómo se cultiva la comida, de dónde viene, el procesamiento de los alimentos, los productos de temporada y otros aspectos relacionados con este tema.

Aprende a recolectar tu comida. ¿Creías que es imposible comer gratis? Tanto si vives en el campo como en la ciudad, puedes alimentarte de plantas silvestres comestibles, bayas y frutos secos.

Antes de ir al campo en su busca, averigua si la zona rural está protegida y si es pública. Si no es así, solicita un permiso. Respeta siempre las normas del lugar y recolecta solo lo necesario, ya que los pájaros y los animales dependen de los productos silvestres para sobrevivir.

Toma precauciones y recibe algunos consejos y sugerencias de los expertos en la recolección de plantas silvestres comestibles. Es fundamental hacerlo. Si visitas una web como www.tastethewild.co.uk o lees el libro *Food for Free* [Comida gratis] de Richard Maybey para conocer más a fondo el tema, al cabo de poco podrás disfrutar de los sencillos placeres del ajo tierno, las ortigas, los madroños, el hinojo, las ciruelas y los higos silvestres.

NADA ES PERMANENTE

«Un amanecer no dura toda la mañana. Un chaparrón no dura todo el día.»
– George Harrison

Todo cuanto existe en este mundo surge y desaparece debido a una combinación de causas y condiciones. Tus pensamientos van y vienen. Los ríos discurren con ímpetu y luego con más calma. Nacemos y después morimos. No hay nada que sea permanente y todo acabará desapareciendo un día.

El mindfulness te ayuda a ser consciente de ello. A apreciar los momentos buenos, agradables y felices de la vida. Te permite disfrutar más del momento, porque sabes que nada dura para siempre.

También te hace ver que el sufrimiento, los problemas y las dificultades de la vida no duran eternamente. De una forma u otra acaban desvaneciéndose.

Te ayuda a comprender que es inútil aferrarte o apegarte a los pensamientos, sentimientos, ideas, personas y situaciones. Nada dura para siempre.

Ponlo en práctica

«Los días llegan y se van como las figuras vagas y borrosas enviadas de una agradable fiesta lejana, pero no dicen nada y, si no aprovechamos los regalos que nos traen, se los llevarán silenciosamente consigo.» – Ralph Waldo Emerson

Busca ejemplos de cosas no permanentes: objetos, experiencias, sentimientos y personas que formaron parte de tu vida.

Cierra los ojos y escucha cómo los sonidos surgen y se apagan.

El placer es efímero, de modo que disfrútalo al máximo. La meditación del chocolate es un buen ejemplo de ello.

1. Parte una pastilla de chocolate y deja que se vaya deshaciendo poco a poco en tu boca con el calor de la lengua.
2. Medita en el sabor y la textura del chocolate y goza al máximo de él.
3. Observa cómo cambia su sabor y textura desde que te lo llevas a la boca hasta que se deshace del todo.

Todos hemos sufrido dolor y pérdidas en la vida. Recuerda una época difícil. Advierte que no duró para siempre. Tenlo en cuenta cuando estés pasando por una dificultad, una experiencia abrumadora. No olvides que acabará desapareciendo.

APAGA EL MOTOR
DE TU MENTE

«Me encanta mi móvil nuevo, el ordenador me funciona de maravilla, la calculadora me va a la perfección, pero ¡ay, cuánto echo de menos mi mente!» – Anónimo

A veces te da la sensación de que el trabajo se apodera de tu vida. No solo pasas la mayor parte del día en el trabajo, sino que incluso cuando no estás trabajando piensas en él.

Es fácil estar todo el día consultando Internet, el correo electrónico y los mensajes de texto cuando te encuentras en el trabajo o fuera de él. Tal vez descubras que tu mente está sumida en un modo de constante actividad en el que apenas desconectas o descansas de la tecnología, por lo que tu cabeza está siempre en otra parte en lugar de vivir el presente.

Pero al igual que no dejarías el coche en marcha mientras está aparcado, tienes que apagar el motor de tu mente.

De hecho, en el 2013, el Ministerio de Trabajo alemán (siguiendo la iniciativa de compañías como Puma, Volkswagen y BMW) hizo públicas unas directrices en las que afirmaba que los empresarios no deben esperar que sus empleados consulten los correos electrónicos de la compañía para la que trabajan los fines de semana o en su tiempo libre, para evitar así que se desgasten profesionalmente.

En las directrices —redactadas para proteger la salud mental de los trabajadores— se establece que no se debe penalizar a los empleados por apagar el móvil o no responder los correos electrónicos cuando no están en el lugar de trabajo. Los jefes solo pueden enviar correos electrónicos o telefonear a sus empleados en casos de emergencia, así se aseguran de que estos puedan desconectar del trabajo.

Aunque no toda la culpa la tiene tu jefe o la tecnología. Tú también tienes que poner de tu parte. Aprende a desconectar, a separar la vida laboral de tu tiempo libre.

Ponlo en práctica

«Constantemente nos bombardean con información y la única solución es desconectar por un rato.» – Danny Penman

Desconecta. Si trabajas con el ordenador la mayor parte del día, desconecta de vez en cuando para hacer otras cosas. Tomarte breves descansos de la tecnología va de maravilla. Levántate del escritorio a la hora de comer y procura dejar el móvil sobre él.

Apaga los aparatos electrónicos varias horas antes de irte a la cama. A no ser que tu trabajo requiera estar localizable a todas horas, los siete días de la semana, hay muy pocas cosas que puedan ocurrir a partir de las 8 de la noche que no puedan esperar hasta la mañana siguiente.

Durante el fin de semana, intenta reservarte una tarde o incluso un día entero para desconectar. Acostúmbrate a estar sin el móvil, la tableta o el portátil. Sal a que te dé el aire. Ve a dar una vuelta a pie o en bicicleta. Haz deporte. Llévate el móvil, pero apágalo. Concéntrate en alguna otra cosa. Asiste a algún evento creativo, artístico o musical.

En cuanto a las vacaciones, intenta gestionar de una forma nueva la pila de correos electrónicos con la que te encuentras a la vuelta. Un mensaje de voz típico de las vacaciones es: «No estaré disponible hasta... cuando vuelva al trabajo responderé tu correo electrónico. En su lugar, graba este mensaje en el contestador: «Muchas gracias por tu correo electrónico. Pero lo siento, no podré leerlo porque estaré de vacaciones hasta... y el correo que reciba se eliminará automáticamente. Por favor, vuelve a enviármelo después de esta fecha».

¿Te preocupa no estar al día? Sí, claro, existe esta posibilidad. Pero si no desconectas del trabajo, no podrás descansar como es debido.

AUMENTA TU FUERZA
DE VOLUNTAD

«El primer paso para llegar a ser santo es desearlo.» – Madre Teresa

La fuerza de voluntad es el poder de elegir, de hacer lo que has decidido —lo que pretendes hacer— aunque no te apetezca. Es la determinación interior que te empuja a avanzar. Te permite mantenerte centrado y alcanzar tus objetivos.

Todos estamos llenos de buenos propósitos. Tal vez te prometiste que te ibas a levantar más pronto para realizar algunas tareas. Quizá estás intentando comer más saludablemente, solicitar esta tarde un puesto de trabajo o salir a correr el fin de semana.

¿Qué es lo que te lo impide? ¿Por qué la fuerza de voluntad cuesta tanto de mantener? Según diversos estudios, todos tenemos una cantidad limitada de fuerza de voluntad y esta se agota fácilmente. Cuando una situación te exige voluntad y autocontrol, te quedará menos fuerza de voluntad para otra, aunque una no tenga nada que ver con la otra.

Cuando dedicas una hora (a regañadientes) a escribir un informe o a preparar una presentación, si después intentas redactar tus felicitaciones navideñas o salir a correr un poco, tu cerebro no tendrá bastante energía para motivarte. Habrás gastado toda tu fuerza de voluntad y la «fuerza del no puedo» se apoderará de ti.

La buena noticia es que puedes aumentar tu fuerza de voluntad centrándote en actividades que te exijan poco esfuerzo. En lugar de pensar en hacer cosas que te cuestan mucho a lo largo del día, usa tu motivación para hacer pequeñas cosas en el presente.

Ponlo en práctica

«Deja de decir «ojalá» y empieza a decir «lo haré.» – Anónimo

Haz una pequeña actividad que no te apetezca. En cuanto la termines, observa cómo te sientes ahora, en el presente, por haberla realizado.

Aquí tienes varias ideas para empezar.

- Hazte la cama cada mañana.
- Después de almorzar, sal a dar un paseo de diez minutos.
- Sube por las escaleras en lugar de usar el ascensor.
- Bájate del metro o del autobús una parada antes o aparca el coche a diez minutos de tu destino y recorre el resto del camino a pie.
- Haz algo por lo demás: prepárales una taza de té o de café.

Asegúrate el éxito. Prepara el terreno para triunfar estableciendo un buen plan de acción, así te costará mucho menos cumplir con tus buenas intenciones. Empieza haciendo algo de poca dificultad —un pequeño paso— que te lleve a lo que intentas alcanzar.

Fíjate en los beneficios, no en las dificultades. En lugar de pensar en lo difícil que es algo, piensa en lo que te reportará. Por ejemplo, en vez de pensar en que no te apetece nada, fíjate en lo bien que te sentirás cuando lo hayas hecho.

Afronta las situaciones con una mente de principiante. Deja a un lado tus razonamientos e ideas sobre lo que puedes o no puedes hacer. Si fracasas, no te rindas. Siempre puedes intentarlo de nuevo. Dite: «¡puedo hacerlo y lo haré!»

SÉ COMPASIVO

«Mi misión en la vida no es solo sobrevivir, sino progresar y hacerlo además con pasión, compasión, sentido del humor y estilo.» – Maya Angelou

Compasión es lo que sientes por una persona —o un animal— que ha sufrido una desgracia. Te motiva a hacer algo para ayudarle. La compasión refleja la idea de que todo está interrelacionado. Te permite darte cuenta de que estás conectado con todos los seres y con todo.

Cuando te centras en ti y no ves más que tus preocupaciones, es difícil sentir compasión por los demás, mirar más allá de tu propio ombligo y advertir a las otras personas que están intentando superar las mismas dificultades que tú.

El mindfulness te permite ser compasivo. Te obliga a mantener los ojos bien abiertos —a estar atento y lúcido— para ver el sufrimiento de alguien o sus dificultades por superar una situación, y buscar una forma positiva de apoyarle y de echarle una mano.

Como el Dalai Lama dice: «El verdadero objetivo del cultivo de la compasión es reunir el valor para pensar en los demás y hacer algo por ellos».

Aunque la compasión no espere recibir nada a cambio ni reconocimiento alguno, hacer algo para beneficiar a otro ser hace que tanto tú *como* la persona a la que ayudas os sintáis muy bien. Lo cual crea un vínculo. Te ayuda a ser empático y a ver desde un nuevo ángulo tu vida y tus circunstancias.

Ponlo en práctica

«Si quieres que los demás sean felices, sé compasivo. Si quieres ser feliz, sé compasivo.» – Dalai Lama

Sé mas consciente todavía. Advierte las dificultades, las luchas, el impacto de los acontecimientos, el estrés, el sufrimiento y las penalidades ajenas. ¿Quién hay en tu vida que se podría beneficiar de tu compasión? ¿Hay alguien que se sienta solo, mal, preocupado y angustiado por algo? Quizá un amigo te cuenta que ha perdido a un ser querido o intuyes por la cara enojada de alguien que a esa persona la han herido. Sé compasivo de vez en cuando con los desconocidos, con un padre o una madre con aspecto agobiado, con un viajero cansado. Los momentos de compasión aparecen mientras transcurre la vida. Haz una buena acción cada día: sonríe, ofrece una palabra amable o un comentario de apoyo.

Recuerda cuándo alguien fue compasivo contigo. ¿En qué te ayudó? ¿Por qué su ayuda fue tan importante para ti?

¿En qué sentido crees que estás ayudando a la persona con la que eres compasivo? Pregúntaselo. Pregúntale si puedes echarle un cable. A la gente le cuesta pedir ayuda. Se siente como si estuviera molestando al otro o siendo una carga. La próxima vez que veas a alguien deprimido o frustrado, ofrécele tu ayuda. Pregúntale cómo puedes ayudarle a mejorar su situación.

Si se te ocurre algo para ayudarla, es mejor que le preguntes si le parece bien que le eches una mano de ese modo.

LAS FECHAS LÍMITE

«Me gustan las fechas límite, me gusta el sonido que emiten al pasar zumbando por mi lado.» – Douglas Adams

Tienes un montón de cosas que hacer y muy poco tiempo para realizarlo todo. A veces las tareas parecen no tener fin.

Cuando piensas en todo lo que te queda por hacer y en las fechas límite, es fácil dejarte llevar por el pánico y decirte: «¡No conseguiré terminarlo a tiempo!»

Dedicarte a un trabajo lleno de fechas tope es agotador. El estrés puede apoderarse de tu mente impidiéndote pensar con claridad y centrarte en el presente.

Te da la impresión de que todo es urgente, interminable e imposible de llevar a cabo. Pero no es así. A decir verdad, algunas personas progresan en ambientes de lo más estresantes. ¿Cómo lo consiguen? Aplicando algunos métodos mindful para cumplir con las fechas límite. Se concentran con los cinco sentidos. Al planear sus tareas y establecer prioridades, crean el ambiente adecuado —tanto interno como externo— para terminarlas con éxito en el tiempo fijado. Tú también puedes aprender a hacerlo.

¡*Hay* una luz al final del túnel!

Ponlo en práctica

«Planear algo es traer el futuro al presente para ocuparte de él ahora.»
– Alan Lakein

Olvídate de la multitarea. Porque no tendrás un segundo para respirar. En su lugar, prioriza. Averigua qué es lo más importante, las tareas que te ayudarán a cumplir con el plazo fijado, y hazlas por orden de importancia. Olvídate de las otras.

Céntrate. Averigua cuál es la tarea más importante o urgente y la que puedes hacer ahora. Y entonces haz *solo esa* tarea prestándole toda tu atención. En cuanto la hayas acabado, pregúntate lo mismo y realiza la siguiente poniendo los cinco sentidos. Llévala a cabo con esmero y atención en lugar de sacártela de encima a toda prisa y al tuntún. Una vez terminada, pasa a la siguiente si es necesario, y no te olvides de desconectar de vez en cuando tomándote breves descansos.

Planea las tareas. Visualiza los pasos y piensa a fondo en cómo los darás. Como Alan Lakein afirma: «Planear algo es traer el futuro al presente para ocuparte de él ahora». Es más fácil dar bien el siguiente paso si has planeado a conciencia lo que vas a hacer y cómo lo llevarás a cabo. Te permite avanzar a un ritmo constante sin pegar un acelerón cuando se acerque la fecha límite. Dite: «Tengo un plan. Lo conseguiré».

Elimina las distracciones. Elimina lo que te aparte de tu meta.

Pide ayuda cuando la necesites. Si necesitas que alguien te eche una mano, te sugiera ideas o te ayude a resolver un problema, no te cortes y pídeselo. No dejes de cumplir con el plazo fijado por no haber querido pedir ayuda.

SÉ PACIENTE CON EL RITMO DE LA VIDA

«Todo tiene su momento y todo cuanto se hace debajo del sol tiene su tiempo. Hay tiempo de nacer y tiempo de morir; tiempo de plantar y tiempo de arrancar lo plantado; tiempo de matar y tiempo de curar; tiempo de destruir y tiempo de edificar; tiempo de llorar y tiempo de reír; tiempo de lamentarse y tiempo de danzar; tiempo de esparcir las piedras y tiempo de amontonarlas; tiempo de abrazarse y tiempo de separarse; tiempo de buscar y tiempo de perder; tiempo de guardar y tiempo de tirar; tiempo de rasgar y tiempo de coser; tiempo de callar y tiempo de hablar; tiempo de amar y tiempo de aborrecer; tiempo de guerra y tiempo de paz.»
– Eclesiastés 3, 1-8

No es fácil cultivar la paciencia y no perderla en un mundo donde todo se consigue en un santiamén: la comida rápida, la comunicación en tiempo real, las compras instantáneas y los resultados inmediatos. A menudo intentamos llegar a alguna parte a toda prisa, obtener un resultado a todo correr o descubrir algo desconocido en un abrir y cerrar de ojos.

Pero con el mindfulness la paciencia consiste en entender que todo transcurre a su propio ritmo, que la vida se va desplegando a su propia manera. Hay un tiempo para todo y todo lleva su tiempo.

Ponlo en práctica

*«La paciencia es una especie de sabiduría. Demuestra que entendemos
y aceptamos que a veces las cosas ocurren a su propio ritmo.»*
– Jon Kabat-Zinn

Frena un poco para no perderte el desgranar de la vida. Vive al ritmo
que más te convenga. Una agenda demasiado llena o hacer mil y una
actividades puede dejarte con los nervios a flor de piel. Estar demasiado
ocupado es sinónimo de impaciencia. Descubre lo que te irrita. Haz una
lista de lo que te consume la paciencia. Reflexiona en esas situaciones
que te ponen nervioso. ¿Cuál es la verdadera causa de la sensación de
impaciencia?

Sé paciente. Haz una actividad a diario durante una semana que
requiera paciencia y anota tu progreso. Podría ser componer un rompecabezas gigante, coser, tejer o bordar, reparar o construir algo.
Decora una habitación. Planta bulbos de tulipanes y narcisos. Sea lo
que sea lo que decidas hacer, advierte cómo se va creando poco a
poco hasta completar su ciclo.

Aprende a sentirte a gusto estando inactivo. Cuando tienes que esperar
por alguna razón ¿la situación te impacienta o incomoda? En lugar de
ponerte a leer un libro, sacar el móvil o subirte por las paredes, intenta
relajarte, mirar a tu alrededor y captar tu entorno. Mientras esperas en
una cola, contempla y escucha simplemente a las personas que te rodean.

ACABA CON
LAS DISTRACCIONES

«Siempre encontrarás algo con lo que distraerte si eso es lo que buscas.»
– Tom Kite

Tanto si se trata de correos electrónicos, mensajes de texto, noticias de actualidad, Internet o de alguien que se acerca a tu escritorio para charlar un rato, las distracciones te apartan de lo que se suponía que debías estar haciendo en ese momento.

Una distracción puede ser cualquier cosa que cambie tu centro de atención, que consiga atraerte. Una distracción es una diversión agradable. Puede surgir de ti —algo que te gusta hacer— o como una interrupción de alguna otra persona.

Sin embargo, una interrupción no es lo mismo que una distracción. Es decir, si estás conduciendo y te encuentras con un semáforo en rojo, eso es una interrupción. Y si decides dar un rodeo, eso es una distracción.

Las distracciones te apartan la atención de lo que tenías entre manos durante más tiempo que las interrupciones. Te exigen invertir una gran cantidad de energía y esfuerzo en volver a concentrarte en ello.

Y cuando las distracciones te hacen perder demasiado tiempo y te impiden realizar tus tareas, te producen más estrés y hacen que te sientas frustrado en el trabajo. Pero no olvides que las distracciones están bajo tu control.

Ponlo en práctica

«Trabajar es duro. Las distracciones abundan. Y el tiempo escasea.»
– Adam Hochschild

Anticípate a las distracciones. Solo tú sabes cuáles son y solo tú puedes evitarlas, afrontarlas o minimizarlas. Si se trata de tu móvil o los correos electrónicos, desactívalo. Si son otras personas las que te distraen, ve a un lugar donde no puedan molestarte. Si vienen de tu entorno, ponte auriculares y escucha música para permanecer concentrado. Prevé qué es lo que podría distraerte e intenta evitarlo.

Anticípate a tus necesidades antes de hacer algo que te exija concentración. Si sabes que vas a necesitar una información en particular, material de trabajo o algo para beber, ve a buscarlo, así al levantarte menos del escritorio minimizarás las distracciones.

Entrénate. Aprende a concentrarte y enfrascarte en tu trabajo al prever todas las posibles distracciones y poner toda tu atención en una sola tarea durante un espacio de tiempo corto (tal vez 15 o 30 minutos), y poco a poco ve alargándolo. En la medida de lo posible, hazlo cuando sepas que las distracciones a las que estás expuesto vayan a ser las mínimas.

Haz algo físico relajante. Algunas personas necesitan *hacer* algo físico para concentrarse y aislarse de las distracciones. Si eres una de ellas, recurre a algo que te ayude a concentrarte: una sarta de cuentas para calmar los nervios, una pulsera, una goma elástica, una pelotita antiestrés o algún otro objeto parecido.

Mantente motivado. Si te entran ganas de distraerte, dite que ya lo harás durante el descanso, pero no antes. Recuerda qué es lo que estás haciendo y el objetivo, y además lo que ganarás con ello.

Si descubres que te has distraído, no te reprendas, vuelve a concentrarte en lo que tenías entre manos diciendo mentalmente: «sé que me he distraído y voy a seguir con lo que estaba haciendo».

SÉ AGRADECIDO

«Agradece a la vida todo lo bueno que tienes para que no te lo quite.»
– Anónimo

El agradecimiento, como el mindfulness, es una forma de ser consciente de la vida y de relacionarte con ella. La gratitud caracteriza el mindfulness. Implica advertir y agradecer las cosas positivas de la vida.

En lugar de apreciar lo que tienes, es fácil sentirte insatisfecho y fijarte en lo que no tienes o en las cosas «malas» de tu vida.

Como afirma un dicho tibetano: «En cuanto nos sentimos satisfechos, ya no deseamos nada más. El problema está en que pensamos a la inversa, que nos sentiremos satisfechos cuando tengamos todo lo que deseamos».

Aunque al final del día sientas que apenas nada te ha salido como tú querías, el agradecimiento te ayuda a ver la vida con una actitud positiva. Hace que te sientas satisfecho con lo que ya tienes.

Hacer una pausa para descubrir qué es lo bueno que agradeces de tu vida tiene un efecto positivo. Cuando te fijas en las cosas, las situaciones y las personas positivas que hay en tu vida en ese instante, estás fomentando tu felicidad y bienestar.

Las cosas más pequeñas de la vida son las que marcan una gran diferencia. La mayor parte de nuestra existencia se compone de pequeñas cosas y momentos, unos detrás de otros. Al advertir los pequeños placeres de la vida, los detalles que a menudo nos pasan desapercibidos o que no valoramos como es debido, es cuando más agradecidos nos sentimos. Nos ayuda a verlo todo desde una cierta distancia y a vivir el presente.

Y durante las temporadas difíciles y conflictivas, cuando te sientas triste, frustrado o asustado, el agradecimiento te puede resultar transformador. Apreciar algo tan pequeño como el repiqueteo de la lluvia, una buena taza de té o la comodidad de tu cama, te ayuda a tranquilizarte.

Ponlo en práctica

«Si agradeces lo que tienes, acabarás teniendo más cosas buenas todavía.» – Oprah Winfrey

Al final del día observa lo bueno que ha ocurrido durante la jornada. Escríbelo en una libreta si lo deseas o reflexiona simplemente en ello mientras te cepillas los dientes.

Aprecia lo bueno que te ha pasado a lo largo del día, sean cuales sean las dificultades que hayas tenido, porque aun así el día ha valido la pena. En lugar de fijarte en las cosas negativas, adquiere la costumbre de advertir los pequeños placeres y reflexionar en ellos: en los buenos y los correctos. Podría ser algo delicioso que has comido, el buen día que ha hecho o el mensaje de apoyo que has recibido de alguien.

Piensa en el gesto de alguien o en un servicio que agradezcas. Observa lo que dicen y hacen las personas de tu alrededor y agradéceselo. Da las gracias a alguien durante el día. Y luego dile lo que has advertido o cómo su gesto ha marcado una diferencia positiva en tu vida.

Si no *descubres* nada que te haya beneficiado a lo largo del día, no te sentirás agradecido. De modo que la próxima vez que pagues una factura, piensa en algo positivo que ese servicio o producto te proporciona. De esta manera en lugar de fijarte en lo que tienes que dar, te centrarás en lo que recibes.

Busca activamente cosas que puedas apreciar en tu vida. Al cabo de poco ya lo harás a diario de manera automática.

SÉ PRÓDIGO
EN ELOGIOS

«Con demasiada frecuencia subestimamos el poder de... un cumplido sincero, o del más pequeño acto de cariño, sin ver que estos detalles podrían llegar a cambiarle por completo la vida a alguien.» – Leo Buscaglia

Probablemente has vivido de primera mano lo que se siente cuando alguien te dice algo agradable. Un simple cumplido puede alegrarte el día y hacer que te sientas bien contigo mismo.

Los cumplidos son lo que distingue a una persona con conciencia mindful. ¿Por qué? Porque para hacer un cumplido primero tienes que reconocer los esfuerzos y las buenas intenciones de alguien para tenerlos en cuenta y hacer un comentario al respecto.

Cuando haces un elogio, muestras aprecio o dices simplemente «gracias», tu observación le está diciendo a la otra persona que has advertido sus actos.

Los cumplidos hacen que el mundo sea un lugar mejor, por eso todo el mundo debería aprender a ofrecer esta clase de muestras obsequiosas. No te preocupes si no se te ocurren las palabras adecuadas, es mejor expresar un sentimiento auténtico con torpeza que no decir nada.

Los cumplidos son un regalo. Los haces simplemente porque te salen de dentro y punto. Y además no hace falta tener labia. Con que seas sincero y auténtico ya basta.

Ponlo en práctica

«Elogia a los demás. Magnifica sus virtudes y no sus defectos.»
– Anónimo

Sé específico. Los cumplidos más memorables son los más concretos, porque muestran que has advertido algo. Por ejemplo: «Vaya, conseguiste que nos volviéramos a centrar en lo más importante. ¡Manejaste de maravilla la pregunta que te hicieron en la reunión!»

Reconoce las cualidades o los esfuerzos especiales de alguien. Por ejemplo: «¡No sabes cuánto agradecemos tu calma y paciencia!»

Explícale por qué te ha hecho tanto bien su ayuda. A todos nos gusta saber que hemos hecho una diferencia en la vida de alguien. «Tu serenidad nos ha ayudado enormemente a todos.»

Díselo por escrito. Elogiar a alguien por escrito muestra que te has esforzado incluso más aún al ofrecerle un recordatorio permanente de tu cumplido.

Haz un comentario positivo en una página web o un blog. La próxima vez que leas algo que te anime o motive mucho, exprésalo. Deja que esa persona sepa cuánto te ha ayudado o inspirado con su libro, página web o blog. Escribe una reseña o un comentario positivo.

Advierte la forma de vestir o el aspecto de alguien. A todos nos gusta que elogien (como es debido) nuestro aspecto.

Advierte la labor de alguien. Podría ser el dependiente de una tienda o de un café. O alguien de un negocio o de tu oficina. Haz un comentario positivo sobre su trabajo o su negocio.

Felicita a un padre o a una madre por el hijo que tiene. Que te feliciten por el hijo que tienes es uno de los cumplidos más gratificantes que hay. Cuando se presente la ocasión, felicita a alguien por las cualidades o la conducta de su hijo.

CONECTA CON LA COMIDA QUE PREPARAS

«Siempre puedes cocinar algo delicioso. A veces es lo único bueno que te pasa en todo el día, la comida que preparas.» – John Irving

¿Tienes la cabeza en otra parte cuando cocinas?

¿Estás pensando en los acontecimientos del día o planeando lo que harás mañana mientras cueces el arroz o la pasta? ¿O quizá preparar la cena al final del día solo es para ti una tarea más que reduce el poco tiempo libre que te queda?

Y, sin embargo, preparar y cocinar la comida puede ser una meditación en sí. Cocinar te ofrece momentos para estar presente, en modo mindful y atento, lo opuesto de estar distraído, estresado o agobiado.

Cocinar es una oportunidad para entender lo que significa vivir el instante, siendo paciente y agradecido, es una oportunidad para conectar con la comida.

Cuando sepas cocinar con atención plena, podrás repetir la experiencia cada vez que prepares o cocines una comida.

Ponlo en práctica

«Cocino tomando una copa de vino. ¡A veces incluso añado vino a la comida!» – *W. C. Fields*

Conecta con los ciclos naturales y el paso del tiempo. Usa productos de temporada. Visita la web www.eattheseasons.co.uk o lee el libro *Seasonal Food: a guide to what's in season when and why* de Paul Waddington. [Comida estacional: guía de lo que ofrece cada estación]

Cocina con atención y esmero. A cada ingrediente que agregues, aprecia lo que le aporta a la comida que estás preparando. Observa los ingredientes. Percibe la sensación que te producen al tocarlos con las manos.

Advierte cómo cada nuevo ingrediente que añades afecta a los aromas y a los sonidos de la comida. Mantente presente para percibir los diferentes aspectos, sonidos y olores de la comida mientras cocinas. Pruébala. Ve probando y degustando de vez en cuando las verduras crudas (¡pero no lo hagas con la carne!), los ingredientes de la lata, del pote de vidrio o del envase mientras la comida se cocina para descubrir cómo cambian los sabores. Aspira el aroma del plato que estás cocinando. No te olvides que remover la comida cociéndose en una sartén puede ser una meditación en sí.

En cuanto hayas acabado de preparar los ingredientes y te dispongas a cocinarlos en el horno, el gratinador o en el fogón, siéntate en una silla cerca del horno o la cocina y relájate. Dedícate simplemente a observar los distintos sonidos y aromas que produce la comida.

Ve probando la comida de vez en cuando durante varios minutos. Si tu mente se distrae, en cuanto descubras que estás pensando en otra cosa vuelve a llevar la atención a los sentidos para observar los sonidos, los olores y la temperatura de la cocina.

Adopta una mente de principiante y abandona tu forma rutinaria y distraída de comer. Prueba nuevos productos alimenticios y recetas.

DEJA DE ABURRIRTE SOBERANAMENTE

«¿Acaso la vida no es mil veces demasiado corta como para que nos aburramos?» – Friedrich Nietzsche

Cuando empiezas un trabajo nuevo, aprendes hasta cierto punto cosas nuevas, conoces a gente nueva y te ocupas de tareas nuevas.

Pero hasta el trabajo más apasionante puede volverse tedioso al cabo de un tiempo. En cuanto te sientes cómodo, es fácil poner el piloto automático y morirte de aburrimiento al seguir la misma rutina de siempre. El papeleo innecesario, las reuniones absurdas, las tareas sin sentido, la pesada rutina, la falta de retos interesantes y el tiempo que pasamos esperando a que nos traigan la información o el material que necesitamos son algunas de las actividades tediosas con la que muchos nos enfrentamos en el trabajo.

En este mismo instante tal vez estés realizando una de ellas. Las obligaciones familiares, la cercanía del lugar de trabajo y los problemas económicos pueden obligarte a conservar un empleo que te resulta farragoso. ¿Es que puedes hacer algo para no aburrirte tanto en el caso de no poder cambiar de trabajo? ¡Claro que sí! Busca algo que estimule tu mente.

Ponlo en práctica

«No tengo idea de lo que voy a hacer a partir de ahora, pero al menos sé que no me aburriré.» – David Bowie

Aborda la situación con una mente de principiante. Como tu cerebro necesita recibir estímulos, cambia tu rutina. Añade cosas nuevas a tu trabajo y combínalas con otras. Haz las tareas de una forma distinta a la de siempre. Por ejemplo, cambia las horas de los descansos o el orden en que realizas tus cometidos. Empieza el día con una labor distinta, haz las llamadas por la mañana y no consultes los correos electrónicos durante dos largas horas. Intenta trabajar en un escritorio distinto al de siempre. Y haz más cambios. Piensa en los pequeños detalles que puedes cambiar para romper con tu rutina diaria.

Averigua qué parte de tu trabajo te resulta aburrida e intenta mejorarla. Por ejemplo, si te pasas toda la tarde ocupándote del papeleo, escucha música mientras lo haces para relajarte.

Pide consejo a otros compañeros que no se aburren. ¿Cómo se las apañan para que el trabajo no les resulte pesado?

Ofrece tu ayuda. Tal vez tu trabajo se vuelva más estimulante y ameno si colaboras con otras personas. Pregunta a tus compañeros si les puedes ayudar en alguna tarea.

Sé solidario para amenizar tu trabajo. Ofrécete para suplir a alguien que esté enfermo. Pero asegúrate de que no parezca ¡que le quieres quitar el puesto!

Aprende habilidades nuevas. Desarrolla nuevas aptitudes para aplicarlas en el trabajo o cambiar de profesión.

SUPERA
LOS MOMENTOS
DE SOLEDAD

«Solo los solitarios entienden cómo me siento esta noche.» – Roy Orbison

La soledad no es lo mismo que estar solo. Estar solo significa estar separado físicamente de los demás. Pero la soledad es un estado emocional. Es una sensación de aislamiento o separación.

La soledad es una emoción que todos hemos sentido alguna vez. Tal vez la hayas vivido como la vaga sensación de algo que no funciona en tu vida, como una especie de vacío. O como la dolorosa sensación de faltarte algo.

Puedes sentirte solo y aislado por muchas razones. Un divorcio, la muerte de un ser querido, problemas mentales o físicos, la invalidez, la discriminación, estar en paro y cuidar de alguien son las causas más comunes de soledad. Y aunque mudarse a otra parte, empezar un nuevo trabajo y tener un hijo son unas experiencias excitantes y positivas, también pueden hacer que nos sintamos solos.

Puedes tener muchos contactos sociales, vivir en pareja, o formar parte de una familia y, sin embargo, sentirte terriblemente solo.

Sean cuales sean las circunstancias de tu vida, cuando esa emoción se apodera de ti te sientes aislado. Te sientes triste y solo, y que los demás no te entienden o que te han malinterpretado. Cuando te sientes solo, tu mente suele pasar por unos ciclos en los que no hace más que pensar en el pasado y en el futuro, aislándote más aún de los demás, por lo que te sientes más solo que nunca.

Pero es posible superar la soledad. El mindfulness te ayuda a ver que siempre puedes sentirte conectado a los demás, sea cual sea tu situación.

Ponlo en práctica

«Iba solitario como una nube / que flota sobre valles y colinas.»
– William Wordsworth

Disfruta de una afición. El contacto social y las amistades no son las únicas formas de sentirte conectado. Actividades como la jardinería, la lectura, el dibujo, el yoga, la natación y el ciclismo también te ayudan a sentirte activo y conectado. Si tienes una afición o una pasión en la que puedas enfrascarte, descubrirás que desearás incluso estar solo para poder escribir, leer, pintar, cocinar, cuidar el jardín, pedalear o hacer cualquier otra cosa que te guste a tus anchas. Esta clase de actividades no dejan espacio para los pensamientos negativos. Al concentrarte en el presente, en lo que estás haciendo, no piensas más que en lo que tienes entre manos y te enfrascas por completo en el momento.

Aprovecha al máximo las oportunidades para conectar con gente. Busca otras personas que compartan tu afición. Averigua dónde hay otros tejedores, cantantes, senderistas, *kitesurfistas*. Entra en www.meetup.com. Conecta con los que visitan esta web a través de vuestras aficiones compartidas. Encontrarte con regularidad con otras personas le da a tu vida una cierta estructura, así esperarás con ilusión hacer lo que más te gusta.

Busca apoyo. Sea por la razón que sea, puedes buscar un grupo que te ofrezca información, apoyo y oportunidades para compartir experiencias con personas que estén pasando por lo mismo que tú.

Colabora. Si te sientes solo, ayuda a alguien. De ese modo también te ayudarás a ti a la vez. Aunque solamente le eches una mano a una sola persona, por algo se empieza. Hazte voluntario de una oenegé. No solo te permitirá conocer a gente que lucha por la misma causa que tú, sino además crear un auténtico vínculo con ella.

Plantéate adquirir una mascota. Considera adoptar un perro o un gato del refugio de la zona donde vives. La lealtad y el afecto que te da un animal hacen que establezcas un vínculo afectivo con él. Como alguien dijo en una ocasión: «Los perros y los gatos son unos expertos en algo que los humanos no sabemos hacer: vivir el presente».

ACTOS ESPONTÁNEOS DE BONDAD

«Pregúntate si has hecho hoy alguna buena acción. Haz que la bondad sea tu modo de obrar diario y cambia el mundo.» – Annie Lennox

La bondad está relacionada con la compasión. La finalidad de la compasión es aliviar el sufrimiento en el mundo. En cambio la bondad consiste en preocuparte por la gente, en ser amable y mostrar buena voluntad. Las buenas acciones son actos altruistas para ayudar a un ser o subirle los ánimos. Lo único que pretenden es hacerle sonreír a alguien o que se sienta más feliz.

La bondad es mindful. Te saca de tu fijación en ti. Te obliga a prestar atención para ser bondadoso en el presente a la menor oportunidad. Tus actos de bondad hacen que te olvides de ti mismo para tenderle la mano a otro.

Tal vez creas que apenas tienes nada para ofrecer, pero tanto si es una sonrisa, una taza de té, una invitación a cenar o a ayudar a alguien a llevar algo, lo que importa es el acto de generosidad en sí. Como Gandhi dijo: «casi cualquier cosa que hacemos parece insignificante, pero es muy importante que la hagamos».

Hay por supuesto algunas personas con las que te resulta más fácil ser bondadoso. Si son agradecidas o han sido amables contigo, corresponderles con una buena acción es algo natural que sale de ti.

Sin embargo, no es fácil ser considerado con una persona que te ha herido o sacado de tus casillas. O que te ha soltado una grosería. Pero no olvides que, aunque no sea una persona bondadosa, tú sí lo eres. Y si se lo demuestras, los dos os sentiréis mejor.

Ponlo en práctica

«Haz una buena acción sin esperar nada a cambio, ¡quién sabe si un día alguien más hará lo mismo por ti!» – Diana, Princesa de Gales

Empieza el día mandando un correo electrónico para ayudar a alguien. Cuéntale quién eres, dale ánimos, o ofrécele un enlace o una fuente de información que le sea de utilidad.

Ponte en contacto con alguien con quien no hayas hablado durante un tiempo. Dedica hoy varios minutos a conectar de nuevo con esa persona mandándole una tarjeta, un correo electrónico o un mensaje de texto para que sepa que piensas en ella.

Sonríe a la gente. Sonríe a los transeúntes mientras vas por la calle, a la gente de la cola en la que esperas tu turno, o al dependiente de una tienda o una cafetería que te está atendiendo.

Deja una buena propina. Dale una propina generosa a un camarero para alegrarle el día.

Sé amable mientras conduces. Sé amable con los otros conductores. En una caravana, cuando un conductor intente meterse en tu carril, permíteselo con una sonrisa.

Preséntate con un pastel. Llévaselo a tus colegas, vecinos, familiares o amigos. Sean quienes sean, sorpréndeles presentándote con un pastel hecho en casa o comprado. En el verano, llévales fruta fresca: fresas o melón.

Salva una vida. Dona sangre. No solo sirve para las emergencias, sino que muchos pacientes que siguen tratamientos de larga duración necesitan recibir transfusiones de sangre.

Sé amable al hablar. Intenta ser amable con tus palabras y cada vez que tengas un pensamiento negativo, contrarréstalo diciendo en voz alta algo positivo.

DIRIGE Y CENTRA
TU ATENCIÓN

«Si no sabes a dónde te diriges, seguramente en lugar de llegar a tus destino acabarás en otra parte.» – Laurence J. Peter

El mindfulness te obliga a llevar la atención a un punto definido y concreto. Significa lograr que tu atención se centre y ocupe en la experiencia inmediata. En la meditación de la respiración te aconsejan que silencies la mente durante diez minutos y te concentres en la respiración para sentir paz interior, calma y equilibrio.

Pero no es fácil quedarte sentado en quietud meditando —para silenciar la mente y concentrarte en la respiración— sin distraerte pensando en otras cosas.

Sin embargo, hay un sistema para mantenerte concentrado durante periodos de tiempo relativamente largos sin hacer el menor esfuerzo: «entrar en la zona». Este estado mental de gran concentración se conoce como «fluir».

El «fluir» se refiere a una actividad que te lleva a concentrarte y ensimismarte por completo en ella.

Si alguna vez te has sumergido hasta tal punto en un trabajo o una actividad que el tiempo te ha pasado volando, significa que tu mente se encontraba en el estado de fluir. Concentrado y absorto, no pensabas más que en lo que tenías entre manos mientras «vivías el momento».

Cuando «fluyes» tu mente está enfrascada en una actividad. Es muy poco probable que se distraiga con cualquier otra cosa, porque mientras la está llevando a cabo está sumida en una sensación de concentración y dicha. Cuando te encuentras en ese estado no tienes que reprimir ni canalizar las emociones, sino que fluyen con fuerza de manera espontánea y positiva con lo que estás haciendo.

Tu nivel de enfrascamiento es tan colosal y estás tan concentrado, que nada te distrae de ello. Es como si te arrastrara una poderosa corriente de agua sin el menor esfuerzo.

Ponlo en práctica

«La vida es corta. Céntrate en lo que importa y olvídate del resto.»
– Anónimo

Descubre qué es lo que te gusta hacer: aficiones, deportes, intereses. En esta clase de actividades podrás experimentar el fluir. Si no se te ocurre nada, empieza algo nuevo. Aquí tienes varias ideas para empezar.

- **Practica un deporte.** Bádminton, squash, tenis o pimpón, rugbi o fútbol, bolos o billar. Sea lo que sea, en el deporte todo ocurre en el momento. El yoga, el boxeo y el judo, los dardos y el tiro al arco, la escalada, el piragüismo y la natación no son más que algunos ejemplos en los que podrás entrar en el estado de fluir. Concentrarse en cada uno de los movimientos obliga a tu mente a vivir cada instante con todo tu cuerpo.
- **Baila al ritmo de la música.** Únete a clases de danza, ya sea ballet, baile de salón, hip hop o claqué.
- **Canta al ritmo de una canción.** Canta y baila en la cocina al ritmo de tus canciones favoritas. Te dejarás llevar por la música y vivirás realmente el momento.
- **Elige una afición.** Jardinería, cocina, pintura, dibujo, caligrafía, ganchillo, tallado en madera, modelismo, malabarismo, sea cual sea, hacer una actividad que te apasione te ayudará a vivir el presente disfrutando al máximo.
- **Aprende a tocar un instrumento.** Piano, guitarra, batería, flauta o armónica, sea cual sea el instrumento elegido, esta actividad musical puede convertirse en una meditación mindful en sí.
- **Diviértete con juegos de mesa y rompecabezas.** Tanto si juegas a las cartas o al ajedrez, con videojuegos, rompecabezas, crucigramas o sudokus, la concentración y el ingenio que requieren esta clase de juegos te obligarán a sumergirte en ellos.
- **Lee un libro o mira una película.** Podría ser un thriller con sorprendentes quiebros en la trama, una película de ciencia ficción o una comedia ingeniosa. Sean del género que sean, un buen libro o película atraparán tu atención al máximo.

ACEPTA
EL CAMBIO

«El cambio es inevitable, salvo cuando una máquina expendedora se lo queda.» – Robert C. Gallagher

Tal vez no sepas cómo o cuándo se va a dar un cambio en tu vida, pero lo que sí es seguro es que tarde o temprano *ocurrirá*. Y no siempre son agradables. Aunque sea una redundancia, tus hijos crecen y se van de casa, tu restaurante preferido cambia de menú o las calles del centro del lugar donde vives se vuelven de un solo sentido, los cambios siempre están a la vuelta de la esquina.

Con demasiada frecuencia nos resistimos a las situaciones y circunstancias nuevas y desconocidas. Intentamos aferrarnos con toda nuestra alma a las personas, los lugares y las cosas. No queremos que desaparezcan de nuestra vida.

Pero cuando te resistes al cambio, significa que te estás aferrando al pasado y que te da miedo el futuro.

Como es natural, no todos los cambios son desagradables, cuando consigues el trabajo deseado, adquieres la casa de tus sueños, o viajas a un lugar nuevo e interesante, es cuando adviertes el aspecto positivo de los cambios.

La pregunta del millón es: «¿cómo puedes aceptar los cambios cuando son desagradables y están fuera de lugar?», o al menos eso es lo que a ti te parece.

El mindfulness te ayuda a aceptar la nueva situación sin quedarte anclado en el pasado, sabiendo que te llevará su tiempo encajarla y asimilarla con una mente abierta.

Te ayuda a ver que todo lo que llega, se va. Que nada dura para siempre.

Ponlo en práctica

«Señor, concédeme la serenidad para aceptar lo que no puedo cambiar, el valor para cambiar lo que puedo cambiar, y la sabiduría para entender la diferencia.» – Reinhold Niebuhr

Acepta los cambios al crearlos tú. Al cambiar incluso pequeñas rutinas de la vida cotidiana, tu mente aprenderá a acomodarse a los cambios. Cuando cambias lo que *haces*, puedes cambiar tu modo de *pensar*.

Cambia de sitio el reloj o la papelera en la habitación. O guarda las bolsitas de té, la mermelada o los cereales en un armario distinto de la cocina. Observa la frecuencia con la que buscas estos productos donde los guardabas antes. ¿Es desconcertante? ¿Frustrante? Sí. Pero te adaptarás. Al cabo de un par de semanas ya te habrás acostumbrado a los cambios.

Y luego prueba estos otros cambios:

- Cocina una nueva receta.
- Escucha una música nueva en una emisora de radio distinta.
- Cambia de trayecto al ir a trabajar.
- Cambia tu modo de viajar: ve a pie en lugar de coger el coche. Ve en bicicleta en vez de conducir. O usa el transporte público. Sube por las escaleras en lugar de tomar el ascensor.

Prueba actividades y experiencias nuevas que animen a tu mente a abrirse a nuevas posibilidades.

Acepta los cambios. Cuando surja un cambio en tu vida, advierte y acepta que no puedes cambiar lo que ya ha sucedido. Pero puedes verlo como una oportunidad. Descubre el lado bueno de los cambios. Siempre encontrarás alguna ventaja y oportunidad en ellos.

Sé paciente. Cuando estés viviendo un cambio, date siempre un tiempo para adaptarle a él. ¿Es que hay algo más inútil que resistirte a lo que ya ha ocurrido? En cuanto aceptes el cambio, en lugar de reaccionar actuando impulsivamente y rechazándolo, responderás de manera adecuada con serenidad y lucidez.

DATE CUENTA DE CUÁNDO ES HORA DE DEJARLO

«Todos tenemos un pasado. El pasado no equivale al futuro a no ser que vivas en él.»   Tony Robbins

Cuando es hora de dejar un trabajo malísimo, de romper con una relación sentimental infeliz o de cancelar las tediosas clases de ejercicio físico, muchos de nosotros seguimos sin hacer nada al respecto.

¿Por qué no cortas por lo sano y dejas la situación atrás? Es posible que no veas ninguna alternativa. A menudo te cuesta abandonarla si no ves qué otro camino seguir, sobre todo cuando te obliga a hacer un gran cambio en tu vida.

Quizá creas que te comprometiste y que debes ser fiel a tu palabra y hacer de tripas corazón. Tal vez no quieras admitir que te has equivocado al aguantar una mala situación durante tanto tiempo. De cualquier modo, te has acostumbrado tanto a ella que ni te planteas cambiarla.

Seguramente estás pensando en todo lo que perderás: el tiempo, el esfuerzo, el amor o el dinero invertido que ya nunca recuperarás.

Pero fijarte en este tipo de cosas hará que sigas con una situación absurda. Que continúes invirtiendo más tiempo, esfuerzo o dinero en alguien o en algo aunque sea evidente que no te está haciendo ningún bien.

Como es natural no quieres romper los compromisos adquiridos a las primeras de cambio, pero negarte a desprenderte de algo que te está haciendo infeliz significa dejar que tu pasado dicte tu presente.

No sigas cometiendo el mismo error. Tu fortaleza no solo se refleja en tu tenacidad, sino también en tu valor para empezar de cero, para dejar el pasado atrás y comenzar una nueva vida en el presente.

Ponlo en práctica

«Por más lleno que el lienzo de tu vida parezca estar, en realidad siempre está vacío, cada momento es una página en blanco. Parece estar cubierto de palabras, textos y guiones, pero en realidad es una página en blanco.» – Bentinho Massaro

Es hora de pasar página. Ten en cuenta que en el pasado, basándote en lo que sabías y sentías, tomaste una buena decisión. *Hiciste* lo correcto. Pero ahora la situación ya no te hace ningún bien.

Siéntete mejor acerca de tu error. Encuéntrale algo positivo a la situación. Por más mala que sea, siempre puedes sacar algo bueno de ella.

Empieza de nuevo. La mente de principiante te anima a responder a las cosas tal como son ahora. Piensa en lo que ganarás cuando dejes atrás la situación en lugar de fijarte en lo que perderás. Lo único que importa es cuál es la mejor opción para ti en este momento.

Averigua qué has aprendido de la experiencia y qué harás ahora de distinta manera. Piensa en lo que has aprendido de ti al vivir la experiencia. Averigua cómo puedes aplicar tu experiencia a tu situación actual con una mente abierta.

Sé paciente. Ten en cuenta que si dejas la relación sentimental, el trabajo o el curso universitario ahora, aunque tardes un tiempo en adaptarte a la nueva situación te sentirás menos agobiado y estresado, y tendrás un mayor control sobre tu vida.

Si no se te ocurre una alternativa mejor, habla con los amigos, la familia y los colegas y pídeles que te den su opinión. Si necesitas recibir información de un experto, recurre a los consejos de un profesional.

Si te comprometiste con otra persona, haz que la ruptura sea lo menos dolorosa posible y sugiérele cómo la puedes compensar si crees que esto le hará sentirse mejor.

CONCLUSIÓN

Tal vez hayas leído este libro de cabo a rabo, pero lo más probable es que lo hayas hojeado para elegir primero los temas y las situaciones que más te interesaban y luego hayas acabado de leer las otras páginas.

Sea como sea como lo hayas leído, verás que lo puedes empezar por donde tú quieras. Como el poeta Kabir dijo: «Dondequiera que estés, ese es el punto de partida». Puedes empezar a ponerlo en práctica en cualquier momento del día y en cualquier parte de tu vida, en cualquier cosa que hagas y en cualquier tema en el que estés pensando.

El mindfulness no es una serie de instrucciones, sino simplemente un marco de principios orientadores para ayudarte a afrontar los acontecimientos importantes y los momentos y las actividades cotidianas —a medida que aparecen y desaparecen de tu vida— con objetividad, concentración y serenidad.

En cuanto hayas leído este libro supongo que verás claramente que el mindfulness no solo tiene que ver con el budismo, el misticismo, o la psicología, sino que es un proceso sencillo que cualquier persona puede realizar.

Aunque no siempre resulta fácil. Tienes que acordarte de estar atento al momento presente. Así que sea la que sea la parte del libro que todavía no hayas leído, asegúrate de leer el primer capítulo: «Cultiva el hábito del mindfulness».

Y en cualquier momento, cuando descubras que estás atento al momento presente (o que lo has estado) —que has ejercitado tu atención plena, que has dado cuenta de lo que ha ocurrido y lo has aceptado, que has estado concentrado, o que te has dejado de aferrar al pasado y has adoptado una mente de principiante—, sé consciente de cómo has llegado a ese estado y vuélvelo a crear tan a menudo como puedas.

¡Sé la mejor versión del mindfulness de ti mismo!

SOBRE LA AUTORA

Gill Hasson es profesora, instructora y escritora. Con más de veinte años de experiencia en el desarrollo personal, es una prestigiosa experta en los campos de la confianza y la autoestima, las habilidades comunicativas, la asertividad y la resiliencia.

Imparte enseñanzas y cursos dirigidos tanto a organizaciones educativas, asociaciones de voluntariado y organizaciones empresariales, como al sector público.

Es autora de los superventas *Mindfulness* y *Emotional Intelligence*, y también de otros libros que tratan sobre las personas conflictivas, la resiliencia, las habilidades comunicativas y la asertividad.

Su mayor interés y motivación es ayudar a las personas a sacar todo su potencial ¡para llevar la mejor vida posible! Si deseas contactar con Gill Hasson puedes hacerlo por medio de su página web www.gillhasson.co.uk, o su correo electrónico gillhasson@btinternet.com.

MÁS CITAS Y PROVERBIOS SOBRE EL MINDFULNESS

«Tu mente, como tu cuerpo, también se cansa, así que renuévala con proverbios llenos de sabiduría.» – Hazrat Ali

«Empieza lo que quieres hacer ahora. No viviremos eternamente. Solo tenemos este momento que brilla como una estrella y se deshace como un copo de nieve en nuestras manos.» – Francis Bacon

«Libértate de la esclavitud mental. Solo tú puedes liberar tu mente.» – Bob Marley

«Aprende del ayer, vive el ahora, ten esperanza en el día de mañana.» – Albert Einstein

«La única felicidad que encuentras en la cima de una montaña es la que te llevas contigo.» – Anónimo

«Para que las cosas se nos revelen tal como son debemos estar dispuestos a abandonar nuestras ideas sobre ellas.» – Thích Nhất Hạnh

«El mindfulness es el dispositivo móvil más novedoso, lo puedes usar donde sea, a cualquier hora y de manera discreta.» – Sharon Salzberg

«La vida es como un viaje en tren antiguo... hay retrasos, desvíos, humo, polvo, cenizas y sacudidas, interrumpido todo ello de vez en cuando por paisajes hermosos y emocionantes explosiones de velocidad. El secreto está en darle las gracias al Señor por dejarte gozar del viaje.» – Gordon B. Hinckley

«Cuanto más aumenta mi aceptación y más disminuyen mis expectativas, más feliz me siento.» – Michael J. Fox

«No me interesa el porqué hemos venido a este mundo, estoy demasiado implicada en él como para preguntármelo.» – Erika Harris

«El viaje más importante de tu vida quizá sea llegar a un punto en común con alguien.» – Henry Boye

«Yo nunca miro atrás, cariño. Me distrae del ahora.»
– Edna Mode, de Los increíbles

«Contenga lo que contenga el momento presente, acéptalo como si lo hubieras elegido. Actúa siempre a su favor, no en su contra.»
– Eckhart Tolle

«No recordamos los días, recordamos los momentos.» – Cesare Pavese

«El auténtico yo es el alma hecha visible.» – Sarah Ban Breathnach

«El futuro ya está aquí, aunque mal distribuido.» – William Gibson

«No puedes arar un campo simplemente dándole vueltas en tu mente.»
– Gordon B. Hinckley

«¿Cuánto tiempo falta para que sea ahora? Cuando dices que va a pasar "ahora" ¿a cuándo te refieres exactamente?» – Morrissey

«El futuro siempre está comenzando ahora.» – Mark Strand

«El ayer se ha ido. El mañana aún no ha llegado. Tenemos solo el día de hoy. Empecemos, pues.» – Madre Teresa

Notas

....

....

....

....

....

....

....

....

....

....

....

....

....

....

....

....

....

....

....

....

....

....

....

Notas